팀 워커

팀 워커

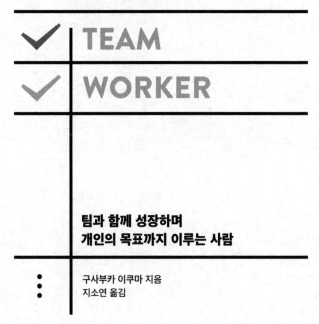

✓ **TEAM**

✓ **WORKER**

**팀과 함께 성장하며
개인의 목표까지 이루는 사람**

구사부카 이쿠마 지음
지소연 옮김

머리말

누구보다 빠르게 성장하는 방법

이 책에서는 구글Google에서 신입 사원 채용 담당자로 일했던 경험을 바탕으로, 직장 내에서 빠르게 성장하고 싶은 사람들이 반드시 눈여겨보아야 하는 부분을 차근차근 살펴보려 한다. 여기서 눈여겨보아야 할 부분이란 바로 '누구보다 빠르게 성장하기 위한 마음가짐'이다.

이 마음가짐을 실마리로 내가 가진 장점을 더욱 단단하게 연마하면, 누구든 자신의 강점을 빛낼 수 있는 '팀 워커'가 될 수 있다.

빠르게 성장하기 위한 마음가짐에는 다섯 가지 포인트가 있다.

① 피드백을 선물로 받아들인다.

② 다른 사람의 개성을 주의 깊게 살펴본다.

③ 작은 것부터 계속 개선해나간다.

④ 팀과 함께 성장하며 개인의 목표를 이룬다.

⑤ 신뢰감을 주는 행동을 한다.

이 다섯 가지 포인트를 '세계 표준에 따라 일하는 사람의 행동 원칙'이라고 부른다. 세계 표준이라고 해도 특수한 능력이나 경험이 있어야만 실천할 수 있는 원칙은 단 하나도 없다.

앞으로 하나하나 살펴볼 행동 원칙들은 어떻게 마음먹느냐에 따라 누구든 따라 할 수 있다.

그중에서도 가장 큰 열쇠는 네 번째 원칙 "'팀'과 함께 성장하며 '개인의 목표를 이룬다'"에 있다. 즉, 이 책의 제목이기도 한 '팀 워커Team Worker'가 되어야 한다는 말이다.

프롤로그 이후 자세한 내용을 다루겠지만, '개인'의 목표를 이루면서 '팀'과 함께 성장하는 팀 워커야말로

'가장 빠르게 초고속으로 성장하는 사람'이 될 가능성을 품고 있다.

세계를 기준으로 삼은 것은 글로벌과는 아무런 관계도 없던 나가노현 산골(인구가 30명 정도 되는 마을) 출신인 내가 구글 같은 세계적인 기업에서 일할 수 있었던 이유 또한 앞으로 살펴볼 예정이기 때문이다.

실제로 세계적인 경쟁에서 선두를 달리는 기업에서는 다른 누군가가 던진 물음의 정답을 찾으려고 애쓰지 않는다. '세계란 곧 정답을 알 수 없는 카오스chaos, 즉 혼돈'이라는 점을 전제로 다른 회사보다 먼저 정답을 밝히려고 끊임없이 선행 투자를 한다.

구글이 개발한 안경 형태의 디바이스 '구글 글래스Google Glass'가 그런 예다. 구글 글래스는 손을 쓰지 않고 음성 명령으로 사진과 동영상을 찍거나 인터넷 검색을 할 수 있다. 아주 편리한 기기지만, 사생활 침해와 자동차 운전 중의 안전성 등이 문제점으로 지적당했다.

결국 구글 글래스는 2015년 일반 판매를 중지하고 기업 간 거래만 진행하게 되었다.

구글 글래스 사업이 그렇게 흘러간 것은 구글이 누구보다 한발 앞서 도전했기 때문이기도 하다.

구글은 많은 선행 투자 프로젝트를 동시에 진행하기 때문에 사실은 실패와 사업 철수도 자주 겪는다.

가장 중요한 점은 실패하지 않는 것이 아니라, 실패로부터 배우는 자세다. 자기 두 발로 자신만의 인생을 걸어 나가려면 반드시 그런 자세가 필요하다고 바꿔 말할 수도 있다.

어쩌면 앞으로 살아갈 세상에서는 지금까지 당연한 듯 따라왔던 것들 자체가 문제였다는 사실이 만천하에 드러날지도 모른다.

실제로 신입 사원의 이직률이 심각한 문제로 떠오르면서 한편에서는 이를 막기 위해 '목적purpose'이라는 키워드를 중심으로 다양한 활동이 이루어지고 있다. 다시 말해 "무언가 문제가 있다, 이대로는 안 된다"라는 목소리가 나오고 있다는 뜻이다.

그런 의미에서는 '내 인생, 이대로 괜찮을까?' 하는 불안에 끙끙 앓고 있다면 오히려 희망이 있다. 그러니 있는 힘껏 고민하자.

그런 불안함과 초조함이야말로 열심히 일을 계속하고, 인생을 뜨겁게 불태우게 하는 불씨이기 때문이다.

'직장인의 불안'을
이겨내는 방법

직장 생활의 시작은 인생의 방향을 완전히 뒤바꿀지도 모르는 중대사다. 그렇게 생각하면 할수록 불안해지기도 하고, 가능한 한 안전한 길을 선택하고 싶어진다.

한때 같은 처지였던 나 또한 직장인의 그런 마음을 깊이 이해한다. 지금은 신입 사원 채용을 지원하는 회사에서 최고인사책임자CHRO로 일하다 보니, 취업을 준비하는 사람들에게 종종 이런 이야기를 듣는다.

"직장 생활에서 실패하지 않으려면 어떻게 해야 할까요?"

그럴 때 나는 구글과 IBM 등에서 얻은 경험을 바탕으로 곧바로 이렇게 되묻는다.

"직장 생활은 당신의 긴 인생 중 일부에 지나지 않습니다. 인생의 목표를 떠올리고 거기에서 '무엇을 목적으로 삼고 무엇에 열정을 쏟아부을지' 고민하지 않으면, 애초에 뭐가 성공이고 뭐가 실패인지 단정할 수 있을까요?"

질문했던 취업 준비생들은 일단 알겠다는 얼굴로 이야기를 들어준다. 하지만 막상 내 질문에 대답하려고 하면, 곧 어쩔 줄 모르겠다는 표정을 짓는다. 거의 대부분 그런 반응을 보인다.

어떤 사람에게 묻든 쉬이 대답하기 어려운 문제이니 충분히 그럴 만하다. 사실 나 자신도 어디까지 가야 목표에 도달했다고 말할 수 있을지 아직도 어둠 속에서 더듬더듬 길을 찾는 상태이니 말이다.

물론 심술을 부리려고 그런 질문을 던지는 것은 아니다. 나의 궁극적인 목표가 무엇인지 사실은 누구도 명확하게 대답할 수 없으리라는 사실을 알면서도 일부러 그렇게 묻는다.

설령 멀리 돌아가는 것 같아 답답해 보이더라도, 직장 생활을 할 때는 우선 '내 인생에서 어떤 식으로 일이라는 존재를 마주하고 싶은지' 막연한 이미지여도 좋으니 자기 나름의 생각을 가져야 한다. 그리고 그 생각에 비추어 보면서 자신의 역할을 선택하는 것이야말로 '불안'을 이겨낼 수 있는 유일한 방법이 아닐까.

취업을 준비하던 시절의 경험까지 모두 포함해서 이 점을 뼈저리게 느꼈기 때문에 그런 어려운 질문을 던지는 것이다.

후회 없는
직장 생활을 위해

그러나 인생의 궁극적인 목표가 무엇인지 묻는 것이 이상적인 방법임을 알면서도 실제로는 그런 물음과 직면하지 않은 채 목표를 정하곤 한다.

나도 대학교 시절 막 취업 준비를 시작했을 때는 별다른 생각 없이 '잘 알려진 회사에 들어가면 되겠지'라고 생각했다. 자신이 미래에 무엇을 하고 싶은지도 알지 못했고, 목표를 먼저 정한 뒤 거꾸로 계산해서 인생을 헤아려야겠다고는 생각지도 못했다.

하지만 현실에서 직업을 선택하고 직장을 고르는 것

은 인터넷에 쓰여 있는 노하우대로 움직이면 해결되는 단순한 일이 아니었다. 내가 그 사실을 깨달은 건 실제로 취직해서 일을 시작한 뒤였다.

안타깝게도 내 주변에는 일을 선택할 때 무엇이 가장 중요한지 알려주는 사람이 없었다. 그런 내게 변화의 계기가 되어준 것이 바로 구글이라는 회사와의 만남이었다.

나는 졸업 후 신입 사원으로 입사했던 IBM을 3년 만에 그만두었다. 물론 IBM에서도 3년간 귀중한 경험을 많이 쌓았고 그 회사에 입사한 것 자체를 후회하지는 않는다. 그저 취업을 준비하던 무렵의 자신을 돌아보니 이런 생각이 종종 고개를 들었다.

'그때 내 나름의 신념과 뚜렷한 목적을 가지고 직장생활을 시작했다면 매일매일 더 많은 것을 배우고 익힐 수 있지 않았을까?'

만약 과거의 내가 앞으로 이야기할 사고방식과 행동원칙을 알았더라면, 업무를 대하는 방식도, 나의 강점을 살리는 방법도 완전히 달라졌을 것이다. 하지만 이제 와서 말해보았자 나에게는 그림의 떡일 뿐이다.

그러니 사실대로 말하자면, 다른 사람의 직장 생활에 대해 잘난 듯이 이렇다 저렇다 말할 자격이 내게는 없을지도 모른다.

그래도 지금 일을 시작한 사람들이 나처럼 후회하지 않았으면 좋겠다. 쓸데없는 참견일지도 모르지만, 그것이 이 책을 쓴 이유다.

부디 앞으로 소개할 다섯 가지 행동 원칙을 힌트 삼아 직장 생활의 불안을 극복하고 자신만의 인생을 손에 넣기를 바란다.

구사부카 이쿠마

차례

1장 ｜ 피드백을 선물로 받아들인다

: 자신의 강점이 무엇인지 알아내려면

2장 ｜ 다른 사람의 개성도 주의 깊게 살펴본다

: 성장 속도를 높이려면

성공의 열쇠는 자기효능감

오늘날 비즈니스 환경은 그야말로 '카오스'에 가깝다는 말을 자주 듣는다. 구글에서도 '혼돈의 시대를 살아가는 힘'을 인재의 중요한 소양으로 여긴다.

카오스란 대체 무엇일까? 머리말에서도 간단히 다루었지만, 한 번 더 확인해보자.

최근 세계 각국에서는 정치·경제·사회 상황이 시시각각 변화하고, 관련 정보 또한 이곳저곳에서 끊임없이 흘러들고 있다. 그러나 그 누구도 지금 세계의 흐름이 어떠하다고 명확하게 설명하거나 단언할 수 없게 되었다.

이를테면 대단히 발전하는 나라가 있는가 하면, 급격히 뒤떨어지는 나라도 있다. 혹은 정체되어 있으면서도 여전히 어떤 부분에서는 강점을 유지하는 신기한 나라도 있다.

이 나라들은 10년 후 어떤 모습이 될까. 어느 정도 예측할 수는 있다 해도 그것이 정답인지 아닌지는 누구도 알 수 없다. 이처럼 '정답을 알 수 없는 상황'을 카오스, 즉 혼돈이라고 한다.

내 업무 특성상 취업을 준비하는 사람들과 대화해보면 그런 불안정한 상황을 인지하고 있어서인지 모두가 막연하게 '세상은 점점 더 나빠지고 있다', '경제가 힘들어지고 있다'고 느낀다. 다만, 자신이 그런 상황과 직접적으로 관계가 있다고 생각하는 사람은 아주 적다. 그야말로 '일시적인 평화'라고 해도 이상하지 않은 상황이다.

세상이 앞으로도 계속 괜찮을 거라고는 아무도 생각하지 않는다. 하지만 지금 당장은 평화로우니 괜찮다, 나는 어떻게든 살아남을 수 있겠지, 하는 생각에 안심

하는 것이다.

코앞에 닥친 문제를 받아들이고 상황을 개선하지 않으면 나라도 나도 위험하다는 실감이나 위기감은 거의 느끼지 못한다.

"유명한 대기업에 들어가서 그럭저럭 일하면 마흔 즈음에는 어느 정도 괜찮은 위치에 오를 테고 연 수입도 제법 많을 거라고 다들 상상하지만, 사실은 전혀 달라요."

사람들에게 곤경에 빠진 대기업들의 실상을 들려주고 이렇게 덧붙이면 모두 깜짝 놀란다. 그리고 그제야 자신의 장래를 더욱 진지하게 고민하기 시작한다.

그중에는 "나는 어차피 안 될 거야"라며 도전 자체를 포기해버리는 사람도 있다. 왜 해보기도 전에 포기하는 걸까? 어쩌면 '자기효능감'이 매우 부족해서일지도 모른다.

자기효능감이란 자신이라면 앞으로 하려는 일을 충분히 해낼 수 있다는 생각, 자기 능력에 대한 믿음을 뜻한다. 지금 눈앞에 닥친 상황을 개선하고자 할 때 가장 중요한 것은 이러한 자기효능감이다.

사람에게는 누구나 각기 다른 재능이 있고, 재능을 어떻게 갈고닦느냐에 따라 빠르게 성장하는 인재가 될 수 있다. 그리고 그런 마음가짐이 있어야 어떤 일에든 도전할 수 있다. 즉, 자기효능감은 '혼돈의 시대를 살아가는 힘'의 원천인 셈이다.

하면 된다, 뭐든 할 수 있다, Yes, we can! 표현은 다양하지만, 결국 마음가짐의 문제다. 특히 직장 생활을 이제 막 시작했거나 이미 하고 있는 사람이라면 뭐든 하나라도 좋으니 자신감을 가지고 "이 분야에서는 날 따라올 사람이 없지!"라고 당당하게 말할 수 있는 자신만의 강점을 찾아보기를 바란다. 구체적인 방법은 1장에서 소개할 예정이니 꼭 살펴보자.

| 직장 생활은 나를 아는 것에서부터 시작한다

직장 생활에 힘쓰는 사람들은 대부분 업무와 관련된 매뉴얼이나 노하우 모으기에 많은 시간을 할애한다.

그렇게 하지 않으면 절대로 성공하지 못한다는 듯이.

실제로 제법 많은 사람들이 이런 질문을 한다.

"자기 분석을 해야 직장 생활에 유리한가요?"

하지만 이 질문은 내용 자체가 잘못되었다. 자기 분석이 직장 생활에 유리한지 불리한지를 떠나서, 자신의 장점과 단점 같은 특성을 모르고서는 앞으로 걸어갈 인생을 결정할 수 없기 때문이다.

아마도 질문한 사람은 자기 분석을 '직장 생활 게임'을 클리어하기 위한 아이템 중 하나로 보았을지도 모른다. 게임을 깨기 위해 어쩔 수 없이 해야만 하는 일이라고 말이다. 따라서 나는 반대로 이렇게 질문한다.

"자기 자신을 더 깊이 이해하고 싶지 않나요? 잘 모르는 상태로 미래를 선택하면 납득할 수 있을까요? 과연 어떤 선택이 당신의 인생을 더 행복하게 해줄까요?"

그러고 나서 이렇게 말해준다. 직장 생활은 게임이 아니므로 전략 매뉴얼 같은 건 없다고.

일에서 실패하지 않기 위한 '정답'은 결국 모두 자기 자신 안에 있다.

직장 생활을 대비하는 방식이 다른 사람과 달라도 전혀 상관없다. 오히려 개성적이고 독자적인 면은 글로벌 기업이 추구하는 '혼돈의 시대를 살아가는 힘'으로 이어지는 중요한 자질 중 하나라 할 수 있다.

그러므로 자신감을 가지고 자기 나름의 방식으로 일을 하고, 나아가 인생을 걸어 나가기를 바란다.

| 기술을 배우는 것은 나중으로 미뤄도 된다

마음가짐은 그렇게 쉽게 바꿀 수 없다고 생각하는 사람도 있을지 모른다.

물론 마음가짐에는 성격도 영향을 미치므로 180도 완전히 바꾸기는 어려우며, 누구든 365일 긍정적인 자세를 유지할 수는 없다. 하지만 기술과 비교해 보면 어떨까? 어떤 직업에 종사하려면 특정 지식이 필요하다고 가정했을 때, 그 지식을 모두 익히기란 시간상 불가능한 경우도 있다.

그러나 자신에게 필요한 마음가짐이나 각오를 다지

는 것은 누구든 바로 할 수 있다.

기술을 익히는 것은 나중으로 미뤄도 된다고 조언
하고 싶다. 변호사나 공인 회계사 같은 전문직에 종사
하고 싶다는 명확한 목표가 있다면 물론 경우가 다르
겠지만, 그렇지 않다면 전문 지식 등의 '기술'은 정말로
필요해졌을 때 익히면 된다.

직장인이라면 '혼돈의 시대에서 살아남기 위한 마
음가짐'을 기르는 데 집중하자.

어떤 자격증이나 기술은 시간과 돈을 들여 열심히
노력하면 대부분 얻을 수 있다. 하지만 마음가짐은 그
렇지 않다. 나에게 이러한 각오와 자세가 필요하다고
느끼지 않는 한 결코 가질 수 없다. 그렇기에 마음가짐
의 중요성을 알리고자 하는 것이다.

다른 장에서는 '팀워크'와 '피드백(자신이나 상대방의 성
장으로 이어지는 지적)'의 중요성에 대해 이야기할 예정이
다. 과거에 팀워크나 피드백과 관련해서 어떤 경험을
했는지 떠올리며 자신을 분석해보기를 바란다.

독특하고 재미있는 에피소드가 아니어도 좋다. 직장에서 직접 겪은 경험 속에 숨어 있는 자신의 생각이나 행동을 팀워크나 피드백의 관점에서 다시 들여다보는 것이 무엇보다 중요하다.

만약 아직 그러한 경험이 없다면, 다양한 상황에서 팀워크와 피드백을 의식하고 그런 생각이 습관이 될 때까지 연습해보자.

자기 분석은 자신이 해냈다고 말할 수 있는
에피소드로 완성시킨다

　자기 분석을 할 때 어떤 사람은 자신의 부정적인 면을 지나치게 파고들려고 한다. 혹은 과거를 되돌아보다가 벽에 부딪혀 자기도 모르게 침울해지기도 한다.

　그러나 완벽한 사람은 애초에 존재하지 않는다. 자신을 분석해 깊이 이해하고자 할 때는 굳이 장점과 단점을 균형 있게 다루려고 애쓰지 않아도 된다. 오히려 장점 하나에만 집중하는 것이 좋다.

　이 책에서 소개하는 행동 원칙 가운데 '자신이 해낸 것' 또는 '할 수 있다고 자신 있게 말할 수 있는 것'을 자기가 겪은 다양한 에피소드 중에서 찾아내야 한다.

　정확히 그 부분에만 집중하면 된다.

애초에 회사는 직원의 단점보다는 장점을 더 알고 싶어 한다. 게다가 자신을 분석하는 과정에서 단점을 발견하더라도 모두 고치기란 현실적으로 불가능하다. 지금이라도 깨달았으니 다행이지만 그 이상도 그 이하도 아니다. 다시 말해, 깊이 파고들어도 큰 의미가 없다는 뜻이다.

역시 중요한 것은 "저는 이런 일을 할 수 있습니다"라고 자신 있게 전하는 일이다.

물론 때로는 단점을 극복하려고 착실하게 노력하는 것도 중요하다.

자신의 장점이나 스스로 자부심을 느끼는 부분, 자신 있다고 당당하게 말할 수 있는 것을 다시금 확인하고 그것을 자신의 경험과 언어로 표현하는 연습이 무엇보다 우선이어야 한다.

이와 반대로 단점에만 주목하는 회사도 있다. 장점을 강조하기보다는 단점을 메우는 데 집중하는 것인데, 이른바 '종합직'을 지향하는 낡은 세계관이다. 종합직이란 일본 특유의 직종 구분으로, 기획 등과 같이 종합적인 판단이 필요한 업무에 종사하며 장래에 회사의 임원이나 관리직이 될 가능성이 높은 직종을 가리킨다.

하지만 지금은 많은 회사에서 직무를 명확하게 구분하는 형태를 취하고 있다. 뭐든 할 줄 아는 '제너럴리스트generalist'를 채용하려는 흐름에서 벗어나고 있는 것이다.

특히 크게 성장하는 회사는 어떤 분야에 특화된 능력에 대해 자부심을 가지고, 그 능력 하나로 세계와 겨루는 용기 있는 사람이야말로 혁신을 일으킬 인재라고 여긴다. 그러니 둥글둥글 원만해지기보다는 뾰족뾰족 돌출되려고 노력하는 편이 훨씬 좋다.

물론 어떤 회사는 "이것이 저의 장점이지만, 사실 단점도 있습니다"라고 털어놓을 줄 아는 사람을 정신적으로 성숙한 사람이라고 평가한다. 따라서 자신의 단점을 파악해둘 필요는 있다. 하지만 알아두는 것과 적극적으로 어필하는 것은 전혀 다르다.

누구나 살다 보면 시간과 경험이 축적되며 남보다

뛰어난 부분이 생기기 마련인데, 문제는 자신의 경쟁력을 제대로 깨닫느냐 깨닫지 못하느냐다.

즉, 성공의 열쇠는 자신을 분석하고자 할 때 어떤 '각도'에서 나를 바라보느냐에 있다.

운 좋게 다른 사람의 조언을 듣고 깨달을 수도 있지만, 이 책에서는 앞서 언급한 '행동 원칙'을 힌트로 제시하려 한다. 행동 원칙이 곧 나를 바라보는 '각도'가 될 부분이기 때문이다.

| 회사는 가능성 있는 인재를 원한다

어떤 사람은 걱정이 유독 많은 성격인지 이런 고민을 털어놓기도 한다.

"저는 이러이러한 약점이 있는데… 어떻게 하면 좋을까요?"

그런 사람에게는 이렇게 조언한다.

"혹시 자기 약점을 알려주려고 입사하셨나요? 자기가 어떤 사람인지 알아주길 바라는 마음은 이해합니다. 하지만 회사는 '제가 이런 부분에 기여할 수 있습니다'라는 걸 보여주는 곳입니다. 그러니까 '저는 이런 일을 할 수 있습니다' 하는 부분에 크게 무게 중심을 두어도 괜찮아요. 오히려 그런 모습을 보여야 가능성이 있는 사람으로 보여지겠죠. 약점을 설명하지 않는다고 해서 반드시 거짓말을 하거나 숨긴다는 뜻은 아닙니다."

그렇게 말해도 "그럼 만에 하나 단점에 관해 지적을 받으면 어떻게 하죠?"라고 되묻는 사람도 있다. 그럴 때는 이렇게 말한다.

"물론 '저는 이러이러한 부분에 서툴러요'라고 솔직하게 말하면 됩니다. 다만 서툰 부분 따위는 무시할 뿐이라고 말하면 아주 나쁜 인상을 주겠죠. 한마디 더하고 싶다면 이러이러한 노력으로 극복하고 싶다고 말하세요. 그 정도만 준비되면 아무 문제 없습니다."

결국 '약점을 굳이 강조할 필요는 없다'는 단순한 이야기다. 이런 조언을 한 다음에는 그 사람의 강점에 대해 이야기하고 경쟁력이 얼마나 대단한지 짚어준다. 그러면 그 사람도 자신감이 생겨서 약점을 고민하는 찜찜하고 걱정스러운 마음에서 벗어나게 된다.

애초에 회사는 "당신의 장단점은 무엇인가요?"라는 질문에 관해서 직원의 대답을 곧이곧대로 받아들이지 않는다. 함께 일하는 동안 '이 부분은 별로이고, 이 부분은 잘하는군' 하고 어느 정도 파악할 수 있기 때문이다.

즉, 회사가 장단점을 파악하려는 이유는 직원이 어느 정도 자신을 인지하고 있는지 가늠하기 위해서일 뿐이다.

회사는 무엇보다 긍정적인 시선으로 직원의 가능성에 중점을 두고 그 사람을 본다. 그러니 '내가 어떤 일을 할 수 있는 사람인지', '앞으로 어떤 일을 해나가고 싶은지'를 드러내는 데 온 힘을 기울여야 한다.

구글 같은 기업에서는 신입 사원을 채용할 때 '아주 좋은 능력을 가졌지만 부족한 부분이 뚜렷하다'고 평

가하는 사람도 선택한다. 왜냐하면 가능성과 잠재력이
느껴지기 때문이다.

즉, '지금 뛰어난 사람'보다도 '앞으로 더 훌륭하게
성장할 사람'과 함께 일하고 싶어 하는 것이다. 그런 관
점에서는 '미완성형 인재'가 더 좋은 평가를 얻기 쉽다
고 말할 수 있다.

| 자신의 약점을 긍정적으로 해석한다

누구에게나 약점은 있기 마련이다. 사실 나 역시 약
점투성이다. '완벽한 인간'은 어디에도 없다. 그러니 우
선은 단점까지 포함해서 자신의 과거를 있는 그대로
받아들여 보자. 그리고 단점보다는 장점을 누구보다
자신 있게 말할 수 있는 사람이 되어야 한다.

예를 들어 집단 안에서 자신의 의견을 강하게 주장
하지 못하는 사람이라면 어떨까. 어떤 사람은 그런 면
을 단점이라고 생각하고 골머리를 앓기도 한다.

사정을 들어보니 상대방의 체면을 세워주려다가 자
기도 모르게 듣는 역할에 치중하게 된다는 것이다.

하지만 반대로 생각하면 완전히 다른 뜻이 된다. 다른 사람의 의견에 귀 기울일 줄 아는 사람, 상대방을 존중하며 소통하는 자세가 몸에 익은 사람. 그렇게 다른 방향으로 해석해서 단점이 아니라는 사실을 깨달으면, 그 후로는 더 이상 고민하지 않게 된다.

팀워크에 관한 이야기는 앞에서도 잠시 소개했다. 구글은 팀워크를 매우 중시하는 회사이기 때문에 팀 안에서 자기주장에 열을 올리기보다 다른 사람의 말을 들어주는 행동은 결코 부정적인 평가를 받지 않는다. 단점이 아니라 오히려 장점인 셈이다.

자신이 부족하다고 느끼는 부분을 스스로 갈고닦고 연마하는 것은 물론 중요하다. 그러나 단점도 어떻게 받아들이느냐에 따라 얼마든지 장점이 될 수 있다.
다시 말해 장점과 단점은 한 끗 차이이며, 그것을 어떻게 표현하느냐에 따라 달라질 수 있다는 뜻이다. 단점도 결국 개성이다. 자기 분석을 할 때 자신의 단점을 긍정적으로 해석해보자.

참고로 구글에서 일하는 동안 상사에게 결정적인 약점을 지적당하고 어떻게든 보완하라고 질책당한 적은 단 한 번도 없었다.

상사는 그저 업무 목표에 대비해서 어떤 부분이 충분하고 어떤 부분이 부족했는지 헤아리고 미흡한 부분을 어떻게 메울지 함께 의논해주었다. 요컨대 누구도 완벽하기를 기대하지 않는 것이다.

팀 워커는 세계가 인정하는 인재의 조건

구글처럼 전 세계를 무대로 비즈니스를 펼치는 기업에서는 '팀 워커'가 중요한 채용 기준 중 하나다. 4장에서 자세히 다루겠지만, 실제 채용 면접에서는 이런 질문이 자주 나온다.

"팀워크의 중요성을 실감한 경험이 있습니까?"
"팀워크 때문에 고생했던 적이 있나요?"

개성 있고 다채로운 직원은 세계적인 기업이 끊임없이 성장하기 위한 필수 조건이다. 새로운 서비스나 제품을 개발할 때 다양한 배경을 가진 사람들의 생각이 녹아들어야만 세계에서 두루 사랑받는 상품을 만들 수 있기 때문이다.

당연한 말이지만, 구성원의 능력이 아무리 뛰어나더라도 서로 으르렁거리며 싸워서는 일이 제대로 굴러가지 않는다. 따라서 개개인의 힘을 최대한 발휘할 수 있도록 '팀 워커'를 매우 중요한 채용 기준으로 삼는 것이다.

팀 워커의 특징으로는 '자신과 다른 의견을 배제하거나 무시하지 않는다', '타인의 능력과 장점을 살리려고 노력한다', '다양한 유형의 사람들과 관계를 맺는 데서 오는 스트레스에 강하다' 등이 있다.

구글에서 높게 평가하는 인재 중 하나가 바로 '팀을 케어care할 줄 아는 사람'이다.

케어라는 말은 과거에 비해 훨씬 일상적으로 쓰이고 있는데, '진심으로 걱정하다, 보살피다, 신경을 쓰다'와 같은 의미이다. 구글은 이처럼 직원들이 팀과 팀원을 진심으로 위해주기를 바란다.

팀 워커로서 능력이 뛰어난 사람은 예를 들면 다음

과 같이 행동할 수 있는 사람이다.

- 평소 부탁하지 않았는데도 습관처럼 다른 사람을 돕는다.
- 하나의 공동체라는 유대감을 키우고 북돋는다.
- 팀 안의 관계를 원만하게 조율한다.
- 다른 사람의 성과와 공로를 포착할 줄 안다.

마지막에 소개한 "다른 사람의 성과와 공로를 포착할 줄 안다"라는 예시는 보충 설명이 필요할 듯하다.

이 말은 보이지 않는 곳에서 노력하는 사람들까지 빠짐없이 케어한다는 뜻이다. 눈에 잘 띄지 않는 사람에게도 충분히 주의를 기울여서, 남에게 말하지는 않았지만 사실 뒤에서 많은 일을 해주었다고 구성원들에게 알리고 공유하는 것이다.

이처럼 다른 사람의 '공로를 칭찬하는' 행동을 영어로는 '레코그니션recognition'이라고 한다.

레코그니션은 단순한 직장 동료 이상으로, 한 사람

으로서 깊은 관심을 가져야만 가능하다. 그런 인간적인 관심이 있으면 그 사람이 팀에 어떻게 이바지하는지 포착할 수 있고 그 사람 대신 다른 사람들에게 전할 수도 있다.

다른 사람을 케어하고자 하는 마음가짐을 가지고 팀을 위해 행동하는 사람은 거의 모든 회사에서 높은 점수를 받을 수 있다.

'타인을 돕는다', '커뮤니케이션 감각을 기른다', '조화롭게 관계를 조율한다', '다른 사람의 공을 인정한다' 같은 구체적인 알맹이까지 제대로 소화하고 행동할 줄 아는 사람은 많지 않다.

그런 의미에서 '팀 워커'의 중요성을 아는 사람은 이미 빠르게 성장하고 있다고 해도 과언이 아니다.

| 상사의 지시를 순순히 따른다고 팀 워커인 것은 아니다

지금까지 팀워크의 중요성을 살펴보았다. 그런데 문득 이런 궁금증이 드는 사람도 있을지 모른다.

"앞에서 자신의 장점을 부지런히 갈고닦는 것이 중

요하다고 강조했는데, 그 말과 모순되는 거 아닌가?"

그런 의문이 든다면 '동양식' 팀워크를 떠올렸기 때문일지도 모른다.

본래 일본 같은 동양 국가에서 말하는 팀워크란 '적당히 분위기를 파악해서 원만히 해결'하려하는 소극적이고 수동적인 자세다. 상사의 지시를 순순히 따르는 사람이 좋은 평가를 받기 쉬우니 사람들은 서로의 눈치를 보며 한마음 한뜻으로 무난하고 순탄하게 일을 마무리하려고 한다.

한마디로 표현하자면 '소극적 팀워크'인 셈이다.

이 책에서 말하는 팀워크는 완전히 다르다. 우선 팀은 한 사람 한 사람 모두 뛰어난 능력을 가진 전문가들이 모인 인재들의 집단이다. 그리고 각자가 집단 안에서 중요한 구성 요소로서 팀에 공헌해야 한다.

다시 말해 다른 누군가의 손이 되어 움직이면서도 동시에 자신의 존재감을 무기로 다른 사람을 움직여 하나의 팀으로서 성과를 올리는 것이다.

이를 알기 쉽게 '적극적 팀워크'라고 부르는데, 세계적 기업에서 추구하는 팀워크가 바로 이런 형태다.

결국 세계적 기업이 필요로 하는 팀 워커는 다른 사람의 눈치를 보며 무사히 일을 마무리하려 하는 사람이 아니라는 뜻이다.

지나치게 타인을 신경 쓰거나 체면을 차릴 필요도 없다. 팀워크는 자신이 어떤 부분에 뛰어난지 본인의 상태를 명확하게 파악하는 데서 시작된다.

그다음 각자의 의견을 정확하게 전달해서 서로의 능력을 최대한 발휘할 수 있는 환경을 만든다. 그것이야말로 진정한 의미의 팀워크다.

그러려면 무엇보다 '혼자서 할 수 있는 일에는 한계가 있다'는 사실을 알아야 한다. 그런 겸허함까지 갖춘독창적이고 우수한 인재라면 팀 안에서 다른 사람과 힘을 합쳐 참신하고 멋진 결과물을 만들어낼 수 있다.

따라서 이상적인 팀이란 서로가 필요하다고 거리낌없이 말할 수 있는 사람들의 집단이라 할 수 있다.

구글이 '팀을 케어할 줄 아는 사람'을 높게 평가하는

이유는 그들이 이런 이상적인 팀을 지향하기 때문이다.

| 갈등이 있는 회의일수록 배울 것이 많다

어떤 면접에서는 집단 토론으로 지원자가 팀 워커인지 아닌지를 판단하기도 한다.

집단 토론에 임하는 지원자들을 관찰해보면, 대부분 매끄럽게 결론에 다다라서 토론의 진행 자체는 능숙해 보인다. 그 점은 물론 훌륭하지만, 그렇다고 해서 특별하게 독창적인 결론이 나오는가 하면 그렇지는 않다. 무언가 부족하다는 느낌이 든다.

모두가 그럭저럭 논리적으로 의견을 나누고 어찌 되었든 무난하게 결론을 내놓으려고 애쓰다 보니, 얼마나 마찰 없이 다른 사람과 원활하게 논의할 수 있는지 겨루는 듯한 느낌도 든다.

하지만 개중에는 재미있는 아이디어를 내는 그룹도 있다. 그런 그룹에는 특히 개성적인 사람이 두세 명 있고, 대부분 토론 중에 논쟁이 벌어지곤 한다.

지금 세계적인 기업들이 원하는 것은 두말할 것 없

이 논쟁이 있는 토론이다. 나아가 이러한 논쟁을 원활하게 조율하는 능력에도 주목한다.

구글과 같이 계속 성장하는 기업에서는 그런 토론이 매일같이 벌어진다.

직장생활을 할 때도 여러 사람과 단체로 행동할 기회는 얼마든지 있다. 그럴 때마다 '나만의 독창적인 의견을 펼치면서도 논의를 생산적이고 긍정적인 방향으로 이끌어나가는' 데 집중해보면 어떨까. 그러면 자연히 자신의 장점도, 의견을 조율하는 능력도 연마할 수 있다.

그런 경험은 업무에 도움이 될뿐더러 자신의 경쟁력을 보여주는 귀중한 경험담이 되어준다. 그리고 직장 생활을, 나아가 인생을 더 풍요롭고 즐겁게 만들어준다.

하지만 소극적 팀워크로는 독창적인 의견과 원활한 논의라는 두 마리 토끼를 모두 잡기가 쉽지 않다. 아주 흔한 사례이기는 하지만, 고등학생 때 내가 직접 겪은 경험을 토대로 설명해보려 한다.

고등학교 1학년 가을, 문화제에서 어떤 공연이나 전시를 할지 정하기 위한 학급 회의가 열렸다. 반장이었던 나는 의견을 조율하는 역할을 맡았다.

그때는 입학한 지 몇 달 되지 않아 이제 겨우 서로가 익숙해진 시기였고, 아직 무언가를 깊이 터놓고 토론할 수 있을 만큼 사이가 긴밀하지는 않았다. 하지만 작년까지 거의 모든 반에서 댄스 공연을 했다고 들었던 터라 이번에는 전혀 다른 것을 해보고 싶었다.

흔한 기회는 아니니 참신한 프로그램을 준비해보자고 설레는 마음으로 제안할 생각이었다. 그런데 반 아이들은 "어차피 다들 춤출 텐데, 우리도 춤이면 되지 않나?" 하는 분위기여서 다른 아이디어를 떠올리려 하지 않았다.

여기서 섣불리 제안했다가 갈등이 생기면 어쩌나 하는 걱정에 나는 결국 의견을 내지 않고 회의를 진행하는 데 집중했다. 그러자 담임 선생님이 "반장은 어떻게 생각하니?" 하고 질문해주셨다.

그래서 조금 용기를 내서 조심스럽게 의견을 냈다.

"완전히 새로운 모습을 보여주면 사람들도 올해 1학

년은 뭔가 남다르다고 생각하지 않을까?"

그때부터 학급 회의의 흐름이 바뀌었고, 최종적으로 모자이크로 커다란 벽화를 제작하기로 결정했다.

반 친구들과 함께 힘을 모아 무수히 많은 색종이 조각을 붙여 만든 벽화는 문화제에서 큰 인기를 끌었다. 나중에는 학교를 넘어 지역에서 표창까지 받았다.

이 문화제를 계기로 반 친구들의 사이는 더욱 긴밀해졌고 모두에게 좋은 추억이 생겼다.

나는 어릴 적부터 관심 끌기를 좋아하는 아이였지만, 그럼에도 어딘가 소극적 팀워크가 몸에 배어 있었는지도 모른다. 그때도 선생님의 권유가 없었더라면, 약간의 용기를 내지 않았다면, 반 전체의 분위기에 휩쓸려 다른 사람들처럼 되는 대로 춤이나 추었을 것이다. 그랬다면 좋은 추억도 만들지 못했을 것이다.

부디 작은 용기를 소중히 여기고, 자기 나름의 생각을 올곧게 주장하는 연습을 하자. 그러면 내가 학창 시절 학급 회의에서 깨달음을 얻었듯이 무언가를 배울 수 있다. 나아가 팀 워커에 한 걸음 가까워질 수 있다.

| 멀리 가려면 함께 가라

아프리카 속담 중에 "빨리 가려면 혼자 가고, 멀리 가려면 함께 가라"라는 말이 있다. 내가 아주 좋아하는 말 중 하나인데, 세계적 수준의 팀워크란 바로 이 속담과 같다.

이 속담의 포인트는 '빨리'가 단순한 속도를 가리키며, 도달하기 힘든 목적지를 '멀리'라고 표현했다는 데 있다. 달리 말하자면 전자인 "빨리 가려면"에는 진정한 목표에 다다르지 못할 가능성이 내포되어 있고, 후자인 "멀리 가려면"이야말로 진정한 목표에 다다르겠다는 의지를 뜻한다는 것이다.

예를 들어 10미터 떨어진 곳에 갈 때는 당연히 혼자서 달려가는 편이 빠르다. 그러나 목적지는 어쩌면 10미터 앞이 아니라 50킬로미터 앞일지도 모른다. 50킬로미터 앞이 목적지라면 고작 10미터를 빨리 가서 무엇 할까.

공동의 목표에 확실하게 도달하고 싶다면 모두와 함께 가자. 속담에는 그런 뜻이 담겨 있는 것이 아닐까.

46

그와 동시에 이 속담은 '어떤 일이든 모두가 손을 들어가며 합의점을 찾자'는 뜻은 아닐 것이다.

팀으로 함께 움직이는 일이라고 해도 때로는 신속하게 판단해야 하는 상황이 찾아오기 마련이다. 그럴 때는 어느 정도 속도에 중점을 두고 스스로 판단해야만 한다. 물론 빠른 판단이 무엇보다 필요한 때에 한해서다.

공동의 목표로 향하는 과정에서 판단을 잘못하더라도 큰 문제가 생기지 않는다고 확신할 수 있는 경우에만 속도를 우선시해야 한다는 뜻이다.

경험을 통해 배운 것을 어필한다

"팀워크의 중요성을 실감한 경험이 있습니까?"
"팀워크 때문에 고생했던 적이 있나요?"

이직 면접에서 이런 질문을 받으면 어떻게 대답해야
할까? 실패의 쓴맛을 본 경험인지, 달콤한 성공의 맛을
음미한 경험이었는지는 그다지 중요하지 않다.
중요한 점은 '그 경험에서 무엇을 배웠는지'를 반드
시 이야기해야 한다는 것이다.

"아뇨, 저는 누구하고든 잘 지내서 팀워크를 신경 써
본 적이 없습니다."

이런 식으로 대답하는 사람은 직장 생활을 원활하게 할 가능성이 적다.

또는 자신의 경력을 내세워야 한다는 마음에 "○○ 그룹의 리더였습니다", "○○부의 부장을 맡았습니다", "○○대회를 진행하는 실행 위원이었습니다"라고 사실만 잔뜩 늘어놓고, 그 때문에 팀워크의 중요성을 느꼈다든지 팀워크 때문에 고생했다고 한마디로 끝내는 경우도 적지 않다.

본인의 귀중한 경험을 제대로 살리지 못하는 몹시 안타까운 경우다.

매년 신입 사원을 채용하는 시기가 다가오면 인사부에서는 이런 우스갯소리가 나오곤 한다.

"부팀장, 차장은 이 세상에는 대체 몇 명이나 있는 걸까?"

무슨 이야기인가 하면, 이력서에 자신의 경력과 직책을 적을 때 리더라 하기에는 부담스럽다며 부팀장이라고 적은 사람이 무시무시하게 많다는 뜻이다. 수천장이나 되는 지원 서류를 한 번에 체크하다 보면 그런 부분이 몹시 눈에 띈다.

고용하는 입장에서 궁금해하는 내용은 어디까지나 팀워크와 관련된 경험이다. 조직의 리더가 아니었더라도 팀에 기여했던 경험 또는 기여하지 못했던 경험은 누구나 하나쯤 있지 않을까.

'리더십leadership'과 '팔로워십followership'이라는 말이 있는데, 리더를 보필하는 팔로워십도 리더십 못지않게 중요한 팀워크의 요소다.

따라서 리더 경험이 있다고 해서 그 사람이 반드시 훌륭한 팀 워커가 되리라고 판단하지는 않는다. 조직을 경험하며 팀워크에 관해 어떤 점을 배웠는지를 자기 나름대로 설명할 줄 아는 사람을 높게 평가한다.

구체적으로 어떤 일을 했고, 어떤 결과를 얻었으며, 거기에서 무엇을 배웠는지. 모두 얼추 담아낼 수 있는 에피소드를 준비해두는 것이 가장 바람직하다.

자신의 경험을 어떻게 돌아보면 좋을지 고민이 된다면, 이 책에서 소개하는 '다섯 가지 행동 원칙'을 힌트로 삼아보자.

예를 들어 동아리 활동에 관한 일화가 있을 때는 뭐든 무난하게 넘기려는 소극적 팀워크가 아니라 적극적 팀워크를 제대로 의식하고 있었는지, 그것을 구체적으로 설명할 수 있는지 없는지를 확인하면 된다.

다만 여전히 조직 안에서 그럭저럭 무난하게 어울릴 줄 아는 두루뭉술한 사람이 '좋은 팀 워커'라고 오해하는 회사가 적지 않다.

그런 회사에서는 개성적인 인재를 배제해버리기도 한다. 어딘가 특이한 사람이라고 느낀 순간, 가위표를 치는 것이다.

이것은 기업이 안고 있는 커다란 문제이며, 경제가 성장하지 않는 근본적인 원인 중 하나이기도 하다.

"우리 회사가 원하는 건 고분고분한 예스맨이야"라는 분위기가 느껴지는 회사는 성장을 기대할 수 없다. 그러니 그런 회사에는 오히려 들어가지 않는 편이 좋을지도 모른다.

직장 생활의 기본은 말할 것도 없이 '자신의 강점을

온전히 발휘할 수 있는 회사를 스스로 선택하는 것'이 기 때문이다. 절대 '회사에게 선택받는' 것이 아니라는 사실을 잊지 말자.

| 구글 채용 면접에서 하는 두 가지 질문

구글에서도 면접을 위해 팀워크와 관련된 질문을 다양하게 준비한다.

구글의 신규 채용은 '구조화 면접'이라는 방식으로 이루어진다. 누가 면접관이든 평가에 일관성이 있도록 사전에 면접 질문 리스트를 정해두고, 그중에서 질문을 선택해 물은 뒤 지원자의 대답을 평가 기준표와 대조해서 평가하는 방식이다. 구체적인 질문이 이미 정리되어 있고 그 안에서 질문을 하는 것이다.

예를 들면 이런 방식이다.

"당신은 어느 프로젝트 팀의 리더입니다. 그런데 멤버들이 전혀 다른 의견을 내세우느라 팀 분위기가 나빠지고 말았어요. 그럴 때 당신이라면 먼저 어떻게 행동하겠습니까?"

이에 대한 지원자의 대답을 듣고 거기서 더 깊이 파

고들어 질문한다.

"왜 맨 처음 그런 행동을 해야 할까요?", "그 밖에 다른 아이디어는 없을까요?", "어떤 우선순위에 따라 그걸 선택했나요?" 같은 질문을 거듭하면서 지원자의 본질적인 부분에 다가가려 한다.

이렇게 질문하는 방식은 '상황 설정형 면접'이라고 불린다. 말하자면 '가설을 묻는 질문'인 셈이다.

한편, 학생 시절에 어떤 조직의 리더였던 사람에게는 "멤버들이 완전히 다른 의견을 내놓아서 팀 분위기가 악화되었던 경험이 있나요?"라고 먼저 질문하고, 같은 방법으로 더 깊이 파고들기도 한다.

이런 방식은 '경험을 묻는 질문'이다.

가설을 묻는 질문과 경험을 묻는 질문 두 가지를 모두 하는 것이 가장 이상적인데, 가설에 대해 대답하는 것이 더 난이도가 높기 때문에 평가의 신뢰성이 높아진다고 본다.

다만 같은 주제로 가설과 경험 모두를 묻는 것은 시

간 낭비이므로 보통은 그렇게 하지 않는다.

경험에 대한 질문을 했을 때 평가의 신뢰성이 낮아지는 이유는 대답하기 딱 알맞은 경험이 있는 데다 과거를 잘 돌아볼 줄 아는 지원자라면 난이도가 급격히 떨어져 쉽게 답할 수 있기 때문이다.

그러면 '어쩌다 보니' 좋은 평가를 얻은 셈이 되어서 신뢰성이 낮아지는 것이다.

하지만 가설에 대한 질문은 만약 사례가 있다 하더라도 엇비슷한 경험이 전부일 것이다. 시간으로 따지자면 10분 이상 계속해서 파고들기 때문에 반드시 본인이 경험해보지 못한 영역에 들어서게 된다.

따라서 경험이 있느냐 없느냐로는 우열을 가릴 수 없게 되어 난이도와 신뢰성이 높아진다.

요즘 채용 현장에서는 이처럼 가상의 상황에 관한 대화에도 충분히 따라올 수 있는 사람일수록 사고 능력이 높다는 견해가 주류를 이룬다.

| 기회를 붙잡기 위한 행동 원칙

'남다른 생각'을 가진 사람이란, 다르게 말하면 '자기 나름의 가설'이 있는 사람이라고도 표현할 수 있다.

후회 없는 직장 생활을 하고 싶다면 남들과 다른 견해라 할 만큼 강한 확신은 없더라도 "이렇게 일해보고 싶다!" 하는 나만의 가설을 품어야 한다. 자기 나름의 가설을 세우고자 하는 자세는 처음 일자리를 구할 때뿐만 아니라 장래에 이직을 할 때도 강력한 무기가 된다.

나는 스물여섯 살에 구글로 이직해 인사부의 일원이 되었다. 대학 졸업 후 입사한 IBM에서도 구성원이 200명 정도 되는 인사부에서 일했으니, 그때까지의 경험과 자신의 강점을 잘 살려 이직한 셈이다.

사실 구글 인사부에서 인재를 구한다는 소식을 전해준 사람은 바로 당시 나의 상사였다.

상사는 외국인으로 그 역시 이직을 통해 자신의 커리어를 적극적으로 다듬어온 사람이었다. 그는 내가 일하는 모습을 보고 IBM보다는 구글의 문화와 더 잘 맞으리라 생각해서 이직을 추천해주었다.

구글은 자신들의 문화에 적합한 인재를 적극적으로 채용하는 방침을 취하고 있었다. 실제로 채용 시험에

임해보니 상사가 예상한 대로 일이 척척 진행되어 이직에 성공했다.

나를 기꺼운 마음으로 보내준 그에게 깊이 감사한다. 그렇게 좋은 상사를 만날 수 있었다니 무척 큰 행운이 아닌가 싶다. 하지만 갑자기 찾아온 기회를 단단히 붙잡을 수 있었던 것은 지금까지 내가 해온 행동들이 모이고 모인 결과이기도 하다.

되돌아보면 당시 나는 이미 경험을 통해 배운 '자기 나름의 가설'을 바탕으로 일하고 있었다. 그 가설을 구글이 높게 평가해주었기 때문에 선택받은 것이 아닐까.

따라서 머리말에서 소개한 다섯 가지 행동 원칙은 '내가 구글에게 선택받은 이유'라고도 할 수 있다. 단, 이 행동 원칙은 단순히 나의 개인적인 견해를 정리한 것은 아니다.

앞으로 살펴볼 내용은 내가 입사 후 배운 '구글에서 활약하는 인재상'과도 일맥상통하기 때문이다. 먼저 이 점을 강조해두고 싶다.

지금까지 직장 생활에 필요한 기본적인 사고방식에 대해 살펴보았다. 다음 장부터는 드디어 '세계 표준에 따라 일하는 사람의 다섯 가지 행동 원칙', 즉 기회를 붙잡아 가장 빠른 속도로 성장하기 위한 행동 원칙을 하나씩 들여다보고자 한다.

1장

피드백을
선물로 받아들인다

: 자신의 강점이 무엇인지 알아내려면

⋮

스스로 피드백을 구하는 사람이
초고속으로 성장한다

    구글 같은 기업뿐만 아니라 다른 어떤 기업에서든 '피드백을 기꺼이 받아들이는 사람'이나 '스스로 피드백을 구하러 가는 사람'이 기본적으로 높은 평가를 받는다.

    여기서 피드백이란 '자신의 성장으로 이어지는 지적'을 말한다. 구글에서는 특히 후자, 스스로 피드백을 적극적으로 구하러 가는 자세를 중요하게 여긴다.

    누군가의 피드백을 기다리는 것이 아니라, 언제 어디서든 용기를 내서 망설임 없이 의견을 얻으러 가는 것이다.

어렵게 생각할 필요는 없다. 딱 한마디, 눈앞에 있는 사람에게 "의견을 들려주세요"라고 부탁하기만 하면 된다.

너무 막막하게 생각하기보다는 그저 주변의 작은 일들부터 시작해서 피드백 사이클을 돌려보자. 의식적으로 반복하다 보면 이윽고 습관이 되고, 피드백이 자신의 행동 원리로 자리 잡는다.

구글에서는 '피드백은 선물'이라고 말한다.

선물을 받으면 기분이 좋아지는데, 사실은 선물을 주는 사람도 기뻐진다. 피드백 또한 그러해야 한다는 것이 구글의 철학이다. 나도 이 의견에 동의한다.

피드백이란 서로가 한 뼘 더 성장하기를 바라며 지금보다 더 훌륭한 결과를 내는 데 도움이 될 만한 관점을 주고받는 행동이다.

그런 관점은 자기 혼자서는 쉽게 얻을 수 없다. 그러므로 선물이라는 표현이 딱 맞다.

그런데 직장인 중에는 "이 부분 좀 어떻게 고쳐봐"

하고 개선을 요구하는 의견(부정적인 의견)만이 피드백이라고 생각하는 사람이 적지 않다. 하지만 그건 엄청난 착각이다. "이 부분이 참 좋더라" 하고 인정하는 의견(긍정적인 의견)도 엄연한 피드백이다.

이렇게 긍정적인 피드백과 부정적인 피드백 양쪽을 모두 거리낌 없이 주고받으면 자신의 강점과 약점을 보는 눈 또한 빠르게 선명해져 두 사람 모두 성장할 수 있다.

혼자서는 자신이 어떤 부분에 강하고 어떤 부분에 약한지 지극히 한정적인 부분만 파악할 수 있다. 그러므로 자신의 머릿속에서만 열심히 생각을 굴리며 머나먼 여행을 떠나기보다는, 아주 심플하게 눈앞에 있는 사람에게 "어떻게 생각해?"라고 묻는 것이 훨씬 가까운 지름길이다.

하지만 실제로는 그런 대화에 서툴러 자기 혼자 고민하다가 시간을 낭비하는 경우가 무척 많다. 그래서 사회 전체의 성장 사이클도 원활하게 돌아가지 못하는 것이 아닐까.

나 자신의 성장을 위해서, 눈앞에 있는 사람의 성장을 위해서, 망설이지 않고 솔직하게 피드백을 주고받자. 그러면 개인의 성장 속도에 가속도가 붙는다.

그런 사람이 늘어나면 사회 전체의 성장 사이클도 지금보다 빠르게 돌아갈지도 모른다.

| 좋은 피드백을 얻기 위한 신뢰 관계 쌓기

지금은 새로운 정보가 이곳저곳에서 물밀듯 밀려들었다가 사라지는 시대다. 이런 시대적 특성이 카오스, 즉 혼돈에 박차를 가하고 있다.

특히 테크놀로지의 세계에서는 '빅 키워드big keyword'가 나타났다가 금세 사라지곤 한다.

이를테면 블록체인이 인터넷상의 보안 문제와 관련해 단숨에 주목받기 시작하고 가상화폐에 눈길이 쏠렸다가도, 웹3.0WEB 3.0이라는 말이 출현하고, NFT와 메타버스가 세계 경제를 바꿀 것이라는 말이 나온다.

지금 세상이 어떤 상황에 놓여 있는지 신속하게 파악하고 흐름을 따라잡을 필요가 있지만, 새로운 정보에 모두 정통하기란 몹시 어렵다.

그렇다면 자신에게 필요한 최신 동향을 누구보다 빠르게 포착하려면 어떻게 해야 할까?

당연한 이야기일지도 모르지만, 혼자서 애쓰기보다는 주변 사람들의 힘을 빌리는 편이 훨씬 빠르다.

그러므로 자기 나름대로 정보를 수집해 결단을 내리고 앞으로 나아가기 위해서는 다양한 피드백을 받아들이고 직접 씹어보고 음미하며 자신의 것으로 만들어 영양분으로 삼아야 한다. 앞으로는 그런 힘이 필수가 될 것이다.

하지만 좋은 피드백을 주고받으려면 서로에게 어느 정도 신뢰가 있어야만 한다.

개인적으로는 감정까지 포함해서 자신이 생각하는 바를 있는 그대로 털어놓을 줄 아는 사람이야말로 솔직한 사람이라고 생각하며, 그런 사람이 신뢰할 만한 인물이라고 느낀다. 특히 신입 사원 채용을 담당했던 시절에는 자신이 어떤 사람인지 알리고자 솔직하게 발언하는 사람에게 신뢰를 느꼈다. 나아가 신뢰 관계를 쌓는다는 의미에서는 그다음 행동이 더욱 중요하다.

누군가가 들려준 피드백을 자기 나름대로 해석해서

일하는 방식에 실제로 적용해보는 것이다. 사소한 부분이라도 좋으니 말과 행동에 변화를 주고 피드백해준 사람에게 그 결과를 들려주자. 그런 과정을 서로 몇 번 반복하다 보면 신뢰감은 훨씬 커진다.

요컨대 좋은 피드백을 얻기 위해서는 우선 자신의 생각을 꾸밈없이 전해 '믿을 수 있는 사람'이라는 인상을 주어야 한다.

그리고 피드백을 받은 뒤에는 그 의견을 행동에 반영하고 상대방에게 결과를 보여주어서 '이 사람에게 피드백해주길 잘했다'고 보람을 느끼게 하자.

다시 말해 피드백 이전과 이후의 행동이 신뢰 관계의 핵심이다.

| 끊임없이 피드백의 사이클을 돌린다

이렇게 다른 사람에게 피드백을 얻음으로써 자신에게 부족한 것과 자신이 보지 못하는 것을 깨달을 수 있다.

부정적인 의견을 얻었을 때는 "아, 이 부분을 메우면 되겠구나" 깨닫고 약점을 개선하여 성장할 수 있다. 긍정적인 의견을 얻었을 때는 "나한테는 이런 장점이 있구나" 하고 새로운 면을 발견할 수 있다. 플러스 요인이 확장되는 셈이니 이 또한 성장이라 할 수 있다.

다른 사람에게 피드백을 구하는 것은 자신의 강점과 약점을 찾아내 성장으로 연결하려는 노력이다.

그러므로 성장에 대한 갈망이 있어야 비로소 피드백의 사이클이 온전히 작동하기 시작한다. 그런 뚜렷한 의지 없이는 피드백을 얻으러 가도 전혀 의미가 없다. 그렇다고 어렵게 생각할 필요는 없다. 우선은 할 수 있는 것부터 차근차근 행동에 옮겨보자.

직장 생활을 하다 보면 많은 사람이 '이대로도 괜찮을까?' 하는 불안과 초조를 느낀다. 이렇게 속이 타서 연기가 모락모락 나는 상태를 나는 '불씨'라고 부른다. 한 걸음만 더 나아가면 성장하고자 하는 열정이 뜨겁게 불타오르기 때문이다.

불씨는 이상과 현실이 마찰하며 발생하는데, 현실이 이상에 가까워지도록 상황을 변화시키려면 자기 자신이 성장하는 수밖에 없다. 모두가 그 사실을 하루빨리 깨닫기를 바란다.

한편, 알면서도 어떻게 해야 할지 몰라 속을 끓이는 사람도 있다. 그것은 이미 불씨를 넘어 성장에 대한 갈망이다.

"나는 이렇게 생각하는데, 너는 어떻게 생각해?"

두려워 말고 질문을 던지자. 성장을 향해 한 걸음 더 내딛어보자.

피드백을 실제로 행동에 옮기고, 조금이라도 성장한 모습을 그 사람에게 보여주는 것. 이것이 피드백의 한 사이클이다.

자신의 의견으로 상대방이 성장했음을 실감하면, 그 사람은 자신의 의견과 느낌을 전하길 잘했다고 생각하기 마련이다. 자연히 다음에도 기꺼이 피드백을 해주고 싶어진다.

그런 상황이 되면 성장에 엄청난 가속도가 붙는다. 일을 할 때도 피드백의 사이클을 끊임없이 돌려보자.

물론 피드백을 받으려 하는 자세는 회사나 팀원들에

게 좋은 인상을 준다. 발전하려는 에너지로 충만한 인재라는 평가를 받을 수 있다. 그런 자세는 스스로 성장하기 위해 열정적으로 일하고 싶다는 의지 표명과도 같기 때문이다.

먼저 주는 것부터 시작하면
좋은 피드백을 받을 수 있다

피드백은 받아들이는 것보다 누군가에게 해주는 것이 훨씬 더 어렵다. 자신이 누군가에게 피드백해야 하는 입장이 되었다고 상상해보면 쉽게 이해가 된다.

상대방의 발전을 위해 적절한 의견을 제시하기란 그리 쉽지 않다.

여기서 강조하고 싶은 점은 피드백을 받는 사람이 본인의 성장으로 이어질 만한 의견을 상대방에게서 이끌어내는 과정이 중요하다는 것이다.

어떻게 하면 상대방이 좀 더 적절하고 본질적인 피드백, 즉 고쳐야 할 부분뿐만 아니라 긍정적인 발전으로 연결될 피드백을 줄까?

가장 효과적인 방법은 '기브give'부터 시작하는 것이다. 즉, 내가 먼저 '상대방을 위해 어떤 일을 해준다'는 뜻이다.

　나는 고등학교에 다닐 때도 대학교에 다닐 때도 자신이 주변 사람들에 비해 한참 뒤처져 있다고 느꼈다. 좁디좁은 산골 마을에서 온 촌뜨기라고 스스로를 비하하는 마음도 있었다.

　그래서 도시에서 자란 우수한 사람들의 견문과 학식을 손에 넣고 하루빨리 성장해야 한다는 초조함도 느꼈다. 하지만 주변에는 아는 사람이 한 명도 없었다. 그런 상태에서 갑자기 무언가를 알려달라고 말해보았자 상대방은 내가 얼마나 진지하게 말하는지 모를뿐더러 기분 나쁘게 여길지도 모른다.

　하지만 이 사람은 좋은 사람, 재밌는 녀석, 성실하고 늘 노력하는 사람이라는 호감을 얻은 뒤라면 틀림없이 누구든 친절하게 알려줄 것이라고 당시의 나는 그렇게 생각했다.

　결국 우선은 주변 사람들과 0에서부터 신뢰 관계를

새로이 만들어나가야 했다.

나는 신뢰 관계를 쌓기 위해 뭐든 내가 먼저 상대방에게 해줄 수 있는 일을 하고자 관심을 기울였다. 누군가에게 도움이 되는 존재가 되고자 했다. '기브'부터 시작해서 주위 사람의 믿음을 얻으려 한 것이다.

구글에 입사한 뒤에도 마찬가지였다.

언어를 비롯해 국적, 신념, 생활 방식 등 상식이라 할 부분부터 모든 것이 다른 외국인들과 신뢰 관계를 쌓을 때는 결국 인간성이 가장 중요했다.

알기 쉽게 말하자면 이 사람은 좋은 사람이라는 인상, 즉 호감을 얻는 것이 중요하다는 뜻이다.

먼저 내가 줄 수 있는 것을 내어주고 상대방에게 도움이 되는 존재가 된다. 그렇게 신뢰 관계가 형성되어야 비로소 본질적이고 유용한 피드백을 얻을 수 있다.

그리고 그 피드백을 허투루 넘기지 않고 응답하면 상대방에게 더욱 신뢰받게 되고, 다시 좋은 피드백을 얻을 수 있다.

앞서 피드백의 사이클이 중요하다고 강조했듯이 사

이클이 제대로 돌기 시작하면 가속도가 붙어 필요한 정보가 필요한 때에 손에 들어온다.

사실 피드백의 사이클을 스스로 만들어내는 힘은 프롤로그의 첫머리에서 소개한 '혼돈의 시대를 살아가는 힘' 그 자체이기도 하다.

무엇이 내게 맞는 정답인지 알 수 없는 미지의 환경이라는 점에서는 아는 사람 하나 없는 학교도, 처음 해보는 사회생활도, 자신의 상식이 통하지 않는 글로벌 기업도 모두 같은 혼돈이다. 그런 상황에서는 많은 피드백을 받아 여러 정보를 취사선택하면서 새로운 환경에 적응해나가야 한다.

이때 필요한 피드백의 사이클은 어디까지나 자신이 먼저 '주는' 것에서부터 시작된다는 사실을 꼭 기억해두자.

| 처음은 아무리 사소한 것이어도 좋다

누군가에게 먼저 손을 내밀 때는 그것이 아무리 사소하고 작은 일이어도 상관없다. 예를 들어 다른 사람과 마주쳤을 때 먼저 인사를 건네는 것 또한 훌륭한 '기브'다.

핵심은 '무엇이든 내가 상대방에게 해줄 수 있는 일을 한다'는 마음을 자꾸자꾸 행동으로 드러내는 것이다.

고등학교에 갓 입학했을 때 내가 다른 사람을 위해 가장 먼저 한 일은 같은 반 친구들의 이름을 모두 외우는 것이었다.

나가노현 전체에서 학생들이 모여드는 학교이기에 같은 반이 된 40명의 아이들은 대부분 처음 보는 사이였다. 그래서 교탁에 붙어 있는 좌석표를 보고 모든 아이의 이름을 외웠다.

아카하네, 이이지마, 이치카와, 우에노, 오노, 고지마, 고바야시…. 학기 초 쉬는 시간, 모두가 다음 수업 준비를 하거나 몇 안 되는 아는 아이들과 수다를 떨 때 나는 교탁으로 가서 열심히 이름을 외웠다. 그리고 어떤 아이든 처음 말을 걸 때 반드시 이름을 불렀다.

"어, 내 이름 어떻게 알았어?"

"좌석표 보고 외웠지."

놀라는 친구에게 그렇게 대답하면 자연스레 대화가

시작되었다. 그 밖에도 특별활동 시간에 회의를 진행할 사람이 없으면 내가 해보겠다고 먼저 나서서 말했다. 나는 그저 모두와 빨리 친해져서 반에 녹아들어야 한다는 단순한 생각뿐이었다.

중학교를 졸업하자마자 부모님 곁을 떠나 아는 사람 하나 없는 곳에서 혼자 학교생활을 시작한 터라 제대로 공부하며 살아갈 수 있는 환경을 만들어야 한다는 두려움과 불안, 초조함이 있었다.

그래서 입학 초부터 반에 도움이 될 법한 일은 뭐든 앞장서서 팔을 걷어붙이고 나섰다. 그 덕에 반 아이들에게 빠르게 존재를 알렸고, 그만큼 커뮤니케이션이 활발해져서 많은 피드백을 얻을 수 있었다.

다른 사람들을 위해 뭘 해야 좋을지 모르겠다는 생각이 들 때는 한 발 물러서서 '이런 사람이 있으면 일이 훨씬 잘 굴러갈 텐데' 하고 상상해보자.

학교의 학급에서도, 기업의 팀에서도, 조직의 일원으로서 기여하는 가장 효과적인 방법은 조직의 부족한 면을 스스로 보충하는 것이기 때문이다.

고등학교에 입학하자마자 반 아이들의 이름을 외운 나를 친구들이 좋게 본 이유는 서로 이름도 모르고 어색해서 제대로 소통하지 못한다는 어려움이 있어서였다. 실제로 모두의 이름을 아는 내가 중간 거점처럼 자리 잡아서 반 친구들의 소통을 원활하게 하는 데 한몫하지 않았나 싶다.

조금 과장하자면 그때까지 조직에 없었던 기능을 내가 보충했다는 뜻이다. 그런 일을 스스로 계속해서 찾아내서 적극적으로 해결해나가다 보면, 주위 사람들의 신뢰도 점점 두터워진다.

피드백은 사실과
해석을 구분 지어 받아들인다

피드백을 받을 때는 '사실'과 '해석'을 명확히 구별 짓는 것이 중요한 포인트다. 이 두 가지를 나누지 않고 그대로 받아들이면, 피드백은 제힘을 온전히 발휘하지 못한다.

예를 들어 집단 토론을 할 때 꼭 다른 사람의 의견을 중간에 끊는 사람이 있다. 살펴보면 악의는 전혀 없지만, 머리 회전이 빨라 하나부터 열까지 다 듣기도 전에 "그건 이러이러한 뜻이지?" 하고 선수를 치는 듯하다.

그런 사람이 있으면 토론의 진행 속도는 분명 빨라진다. 하지만 의견을 가로채인 사람은 다소 충격을 받아 위축되고 만다. 개중에는 대변해줘서 고맙다며 딱히 신경 쓰지 않는 사람도 있지만, 대부분은 토론 자체의 온도가 식어버린다.

그러므로 의견을 자주 가로막는 사람이 피드백을 받으러 오면 이렇게 답해준다. 먼저 토론이 어떤 방식으로 진행되었는지 사실대로 짚어주고 나서 나의 해석을 더해서 피드백을 들려준다. 토론에 안 좋은 영향을 줄 수 있으니 상대방의 의견을 끝까지 듣고 나서 말을 시작하면 좋을 것 같다고 말이다.

여기서 유념해야 할 점은 사실과 해석을 명확하게 구별 지은 다음, 사실은 있는 그대로 받아들여야 한다는 것이다.

피드백을 받다 보면 때로는 자기 뜻과 맞지 않는 내용이 들어 있을 때가 있다. 그러면 내심 답답한 마음에 반박하고 싶어지기도 한다. 하지만 사실에서 눈을 돌려버리면 아무리 시간이 지나도 앞으로 나아가지 못한다. 사실은 사실로 일단 받아들이고, 사실에 대한 해석을 어떻게 활용할지를 따로 생각하자.

앞서 내가 한 피드백을 예로 들면 '여러 번 다른 사람의 말을 끊은 것'과 그 결과 '위축된 사람이 있다는 것'은 단순한 사실이므로 그대로 받아들여야 한다. 그런 다음 내가 조언한 부분을 앞으로의 행동에 반영할지 말지를 판단하면 된다.

이렇게 구별 지어 생각해야 여러 각도에서 날아드는 피드백을 선물로써 담담하게 받아들일 수 있다.

| 피드백을 잘하는 사람은 받는 것도 잘한다

피드백을 선물 받았다면 자신도 상대방에게 적극적으로 피드백을 돌려주자. 그렇게 해야 피드백의 사이클이 원활하게 돌아간다.

피드백은 받아들이는 것보다 다른 사람에게 해주는 것이 훨씬 어렵다고 이야기했는데, 피드백을 할 때도 사실과 해석을 명확하게 구별 지어 전달하면 상대방이 좀 더 쉽게 받아들일 수 있다.

실제로 해보면 알겠지만, 다른 사람에게 무언가를 지적할 때는 많은 부분을 고려해야 한다. 특히 부정적인 내용은 상대방이 상처 받을지도 모른다는 걱정 때문에 말을 꺼내기가 쉽지 않다.

이런 경우에도 사실과 해석을 따로 나누어 전하면 부정적인 사실에 긍정적인 해석을 곁들일 수도 있다.

이때 받아들이는 쪽도 피드백을 선물이라고 느낄 수 있도록 배려해야 한다. 특히 구글 같은 기업에서는 공통 언어가 영어인 탓에 언어가 다른 사람들은 소통에 어려움을 겪을 때가 많다. 피드백을 할 때도 마찬가지다. 하지만 사실과 해석을 구별 지어 상대방의 성장에 도움이 되도록 주의 깊게 전하면 말이 다소 서투르더라도 누구든 기꺼이 받아들인다.

그렇게 자연스레 피드백을 주고받는 관계가 되면, 하는 쪽도 받는 쪽도 피드백에 대한 스트레스가 줄어들고 뼈아픈 지적도 선물처럼 쉽게 거두어들이게 된다.

실제로 내가 피드백을 받아들이는 데 능숙해지면, 주변에 의견을 주려는 사람들이 점점 늘어난다. 좋은 순환이 일어나는 것이다.

받는 사람이 피드백을 선물이라고 생각한다는 사실을 알면, 주는 사람은 훨씬 마음 편히 의견을 말할 수 있다. 자신의 자세가 주변으로 전파되어가는 것이다. 그러니 '피드백은 선물'이라는 마음으로 여러 사람에게 자꾸자꾸 의견을 묻고, 또 자신의 의견을 여러 사람에게 들려주자.

피드백은 강점을 살리는 방법도 알려준다

구글에서 일하기 시작한 뒤로 나는 이전보다 더 많은 피드백을 얻을 수 있게 되었다. 그 결과 자기효능감 또한 눈에 띄게 높아졌다.

구글에서 주로 받은 피드백은 예를 들자면 이런 내용이다.

"당신은 이런 점이 참 훌륭해요. 여기에 이 부분까지 발전하면 당신의 강점을 더 확실히 살릴 수 있을 거예요. 그러면 더 멋진 결과가 나오지 않을까요?"

요컨대 일반적인 정답을 들이대는 것이 아니라, 그 사람의 강점을 백분 살려 성장할 수 있는 방법을 알려준다.

일할 때 자신의 강점을 온전히 발휘하려면 매뉴얼이 아니라 이처럼 눈앞에 있는 사람의 살아 있는 의견, 개인의 본질과 특성을 고려한 피드백이 필요하다.

실질적인 피드백을 얻다 보면 내가 정말 하고 싶은 일이 무엇인지, 목표를 실현하려면 어떤 방향으로 나아가야 할지, 기본적으로 고민해야 할 부분들이 자연히 정리된다.

또한 일과 관련된 강의나 행사에 참가해 다른 직장인들의 모습을 직접 보는 것만으로도 여러 자극을 피부로 느낄 수 있다. 나아가 머릿속에 있는 많은 정보를 취사선택해 다듬는 데도 도움이 된다.

이런 살아 있는 피드백과 생생한 자극이 없으면 사람은 생각보다 명확하게 현실을 이해하지 못한다.

책이나 인터넷상의 정보를 인풋하는 것보다 실제로 살아 숨 쉬는 사람이 건네준 생각을 인풋하는 것이 훨씬 더 설득력 있다.

피드백을 해주는 사람이 많을수록
일도 삶도 편안해진다

지금까지 피드백의 중요성을 이야기했다. 직장에서 일하기 시작했다면 상사, 고객, 선배 등에게 끊임없이 피드백을 얻어야 한다. 그러므로 적극적으로 피드백을 얻는 습관을 일찍이 익혀두면 직장 생활에도 크게 도움이 된다.

피드백해주는 사람이 많을수록 일도 삶도 편안해진다. 자신이 아닌 다른 사람들의 관점 속에서 많은 발견과 깨달음을 얻을 수 있기 때문이다. 그러므로 가르침을 주는 사람이 많으면 많을수록 어떤 일이든 한결 쉬워진다.

만약 내가 전혀 알지 못하는 지역으로 이사를 간다

면 어떨까? 그곳에서 몸도 마음도 건강하게 살아가려면 어떻게 해야 하는지, 어떤 점에 유의해야 하는지는 역시 먼저 그 지역에서 살아온 사람이 훨씬 더 잘 안다.

하지만 내가 믿을 수 있는 사람이 되지 않으면 그런 정보를 온전히 얻을 수 없다. 새로운 곳에서 제대로 자리 잡으려면 얼마나 많은 이에게 신뢰받는 사람이 되느냐가 중요하다.

나를 믿어주는 사람이 많으면 많을수록 생활에 필요한 정보를 쉽게 얻을 수 있고, 빠르게 새로운 환경에 적응할 수 있다. 이때 중요한 점은 역시 "저는 아직 아무것도 모르는 신참이니 많이 알려주세요" 하는 겸허한 자세다.

자신을 발전시키고자 할 때 필요한 자세도 이와 같다.

"제 생각이나 행동이 틀렸을 수도 있으니 알려주세요."

이러한 겸허한 자세로 의견을 구하는 것이다. 당연하다고 하면 당연한 말이지만, 사실 아주 기본적이면서도 중요한 마인드다.

2장

다른 사람의 개성도
주의 깊게 살펴본다

: 성장 속도를 높이려면

특색 있는 사람을 가까이하면
성장에 가속도가 붙는다

　구글처럼 끊임없이 성장하는 기업은 '개개인의 색채가 두드러지는 집단'이라고 할 수 있다.

　개성이 강한 사람들이 모인 집단에서는 각자 잘하는 부분과 부족한 부분이 뚜렷하게 드러난다. 그래서 서로 잘하는 부분, 강한 부분을 존중하고 부족한 부분은 보완하는 두 가지 행동을 중요하게 여긴다.

　프롤로그에서도 이야기했듯이 '팀 워커'는 구글이 직원들에게 요구하는 매우 중요한 능력 중 하나다.

　개인으로서도 조직의 구성원으로서도 매력적인 사람들이 모인 집단. 그런 집단이기에 어마어마한 성과를 낼 수 있고 빠르게 성장할 수 있기 때문이다.

반대로 개성 없는 구성원들을 모아 하나의 집단으로서 커다란 힘을 발휘하기란 지극히 어렵다. 그래서 구글 같은 기업에서는 이른바 스페셜리스트specialist를 주로 채용하려고 한다.

그런 기업의 일원이 되려면 적어도 자신이 어떤 분야에서만큼은 누구보다 자신이 있는지 올바르게 이해해야 한다. 앞서 설명했듯 자기 분석을 통해 자신의 강점을 제대로 파악하는 것이 중요하다.

다만 전문성을 높인 스페셜리스트는 자칫하면 독선적이고 시야가 좁은 사람이 될 수도 있다. 계속해서 자신의 한계를 확인하고 천장을 깨부술 수 있다면 좋겠지만, 그런 사람은 생각보다 많지 않다.

자신의 한계가 어디까지인지 알고 더 넓은 세상이 있음을 깨달으려면, 주변 사람의 견해를 듣는 것이 가장 빠르다. 1장에서 피드백의 중요성에 대해 이야기했듯이 말이다.

구글에서 근무할 때는 나와 다른 종류의 개성을 가진 사람들과 함께 일하는 경우가 많았다. 그런 사람들과 여러 상황에서 부딪치다 보면 자신의 성장에도 자연히 속도가 붙는다.

여러 사람이 모인 집단 안에서 빠르게 발전하기 위해서는 '자신의 개성'은 물론 '다른 사람의 개성'까지 동시에 이해하고 존중해야 한다.

| 다른 사람과의 차이를 통해 나를 알게 된다

사실 다른 사람의 개성을 존중하기란 그리 쉽지 않다.

구글에 입사한 뒤 가장 인상적이었던 것 중 하나가 인도 사람들의 시간관념이었다. 구글의 인도 법인에서 일하는 동료와 온라인 미팅을 할 때였는데, 30분가량 진행할 예정이었던 회의에 동료가 20분이나 늦게 참여한 것이다.

미팅 시간이 10분밖에 남지 않았으니 반드시 체크해야 할 사항만 서둘러 확인해야겠다고 생각했다. 그런데 그 동료는 그때부터 20분 동안 최근 키우기 시작한 반려동물이 귀엽다며 자랑하는 데 열을 올렸다.

그때 마침 시간이 있어 끝까지 이야기를 들어주기는 했지만, 사실 일본인의 상식으로는 이래도 되나 싶어

심히 걱정이 되었다.

'이 사람 괜찮은가? 일을 맡겨도 되는 거야?'

바로 상사에게 이야기하자 인도인들의 시간관념은 아주 독특하고 일본과 전혀 달라서 그 사람뿐만 아니라 대부분 느긋한 편이라고 했다. 앞으로도 함께 일해야 하니 그 부분은 존중하면서도 어떻게 하면 목적을 잘 달성할 수 있을지 함께 궁리해보기로 했다.

그 후 아시아권 인사부 직원들이 한자리에 모이는 큰 회의가 열렸을 때도 인도 팀은 남다른 모습을 보여주었다. 회의 시작 2분 전에 다 같이 커피를 사러 나간 것이다. 그 모습을 본 다른 나라 동료들도 "인도 팀은 정말 자유분방하다니까" 하며 웃었던 기억이 난다.

이런 감각의 차이는 생활양식과 문화의 차이에서 비롯되기 때문에 지적하더라도 금방 고쳐지지 않는다.

그보다 먼저 정말 고쳐야 할 문제인지 아닌지 함께 생각해보고 행동 양식의 차이를 받아들여 조화를 이루는 기술을 익혀야 한다.

내가 당연한 상식이라고 생각하는 일일지라도 어떤

사람에게는 상식이 아닐지도 모른다. 이처럼 타인과 다른 부분을 마주할 때 우리는 너무 당연해서 자각하지 못했던 자신의 가치관도 새롭게 인지할 수 있다.

별것 아닌 듯 보이지만 거기에서 아주 많은 점을 배울 수 있다.

다른 사람의 개성을 통해
본질을 보는 눈을 기른다

혼돈의 시대는 예측 불가능한 일들의 집합체다. 지금까지 당연하게 여겨왔던 상식도 더 이상 통하지 않는다.

지금 눈앞에 있는 문제에서 끝나지 않고 자꾸자꾸 새로운 문제가 나타난다. 우리는 그 문제를 계속해서 해결해나가는 수밖에 없다. 게다가 해가 갈수록 문제와 해결의 사이클이 점점 빨라지고 있다.

오늘날 우리에게 필요한 문제 해결 능력은 상식에 사로잡히지 않고, 얼마나 빠르게 최소한의 정보로 질 좋은 해결책을 이끌어내 실행하는가를 뜻한다. 이때 무엇보다 문제의 본질을 꿰뚫어 보는 힘이 중요하다.

앞에서 스페셜리스트는 독선적인 사람이 되기 십상이라고 말했는데, 우리가 반드시 해결해야 할 문제가 무엇인지 생각할 때는 아무리 속도가 빠르더라도 자기 혼자만 납득해서는 전혀 의미가 없다. 그래서 구글에서는 '사용자 우선user first'을 매우 중요하게 여긴다.

다시 말해 '고객에게 이 문제의 본질은 무엇인지, 어떻게 해결해야 고객에게 최선의 결과를 가져다줄 수 있는지'를 항상 고민한다는 것이다.

사용자를 우선시하는 관점은 인간관계에도 동일하게 적용할 수 있다. '상대방이 무슨 말을 하고 싶어 하는지, 무엇을 하고 싶어 하는지'를 먼저 생각하는 것이다. 그러면 그 생각 너머로 상대방의 개성, 즉 그 사람의 본질이 보인다.

상대방이 무슨 말을 하고 싶어 하는지 이해하지 못하면 대화는 성립하지 않는다.

특히 아직 해결되지 않은 문제를 풀어내고자 할 때 상대방의 입장을 헤아리지 못하면 건설적인 의견을 나누기는커녕 논의의 출발점에도 설 수 없다.

그러므로 우선은 자신의 상식을 옆에 내려두고 상대
방의 입장에서 상황을 바라보고, 상대방이 무슨 생각
을 하는지 헤아릴 줄 알아야 한다. 그다음 대화를 나누
며 서로의 교차점, 다시 말해 공동의 목적을 이루기 위
해 각자 어떻게 하면 좋을지 찾으면 된다.

그럴 때 나는 늘 상대방의 개성이 드러나는 부분을
찾으려고 노력한다.

상대방의 개성을 존중하며 의견을 나누다 보면, 각
자의 상식이 얼마나 어긋나든 상관없이 탄탄한 신뢰
관계를 쌓을 수 있기 때문이다.

| '사용자 우선' 관점은 팀워크에도 통한다

사용자를 중시하는 관점은 팀의 목표와 활동 내용을
결정할 때도 반드시 필요하다. 프롤로그에서 고등학교
1학년 시절 문화제에 관한 에피소드를 소개한 바 있다.

"완전히 새로운 모습을 보여주면 사람들도 올해 1학
년은 뭔가 남다르다고 생각하지 않을까?"

나의 제안 한마디가 방아쇠가 되어 새로운 아이디어
가 나오기 시작했고 결국 모자이크 벽화를 제작하기에

이르렀다.

지금 생각해보면 이 또한 사용자 우선의 관점이었다. 문화제에서 작품을 감상하는 사람은 학생들의 손님이라 할 수 있다.

'먼저 손님이 어떻게 생각할지 헤아려보자. 다른 반과 다름없이 춤을 보여주면 신선하지도 재미있지도 않겠지. 그러니 이번에는 다른 걸 해보자.'

그런 생각으로 제안한 결과, 본인의 입장에서 '문화제에서 무엇을 할지'에만 초점을 맞추었던 회의가 '보는 사람을 위해 무엇을 할지' 사용자의 입장에 초점을 둔 회의로 탈바꿈한 것이다.

게다가 당시 우리 반에는 얌전한 아이가 많아서 몸을 움직이는 데 익숙지 않은 학생이 꽤 많았다.

그중에는 춤추고 싶지 않다고 생각하면서도 자기주장을 내세우지 못하는 아이도 분명 있지 않을까? 한편으로는 그런 생각도 들었다. 이 또한 사용자 우선의 관점일지도 모른다.

정말 가치 있는 것은 A인가, B인가. 그런 물음에 답할 때는 문제의 본질을 빼놓고서는 올바른 답을 내놓을 수 없다.

문화제를 예로 들자면 '기존과 동일한 춤인가, 남들과 다른 모자이크 벽화인가'를 고민할 때는 보는 사람이 있다는 점이 기준이 된다.

대학교에서 공동 연구를 할 때도 마찬가지다. 무심코 지도 교수의 얼굴을 떠올리며 큰 문제가 없도록 무난한 주제를 고르기 십상이지만, 사실 그 너머에는 진짜 사용자가 있다.

"무엇(누구)을 위한 연구인가?"라는 관점에서 생각하면, 자연히 어떤 점에 착안해서 어떤 연구를 해야 하는지 완전히 달리 생각하게 된다.

다만, 사용자 우선의 관점을 굳건히 고집하다 보면 문제의 난도가 더 높아지는 경우도 적지 않다.

하지만 그때가 바로 서로의 독창성을 발휘해 참신한 아이디어를 나누고 힘을 합쳐 하나의 목표를 이룰 기회다. 그런 경험 하나하나가 성장으로 이어진다. 그러니 두려워하지 말고 사용자 우선의 관점을 적극적으로 활용해보자.

그뿐만 아니라 사용자 우선의 관점은 자기 분석에도 적용할 수 있다. 이를테면 자기가 어떤 면에 강한지 알고 싶을 때 주변 사람들이 나의 어떤 면에 의지하고 있는지 생각해보는 것이다. 그러면 생각지 못한 자신의 장점이나 개성을 발견할 수 있다.

함께 빛나려 하지 않으면 나도 빛나지 못한다

'사용자 우선'이라는 말에서 사용자란 단순히 고객 뿐만 아니라 의논 상대, 팀 멤버, 같은 직장 동료처럼 나와 다양한 관계에 놓인 사람들을 가리킨다. 그들의 공통점은 '나의 시간을 들여 어떠한 가치를 제공해야 하는 상대'라는 점이다.

구글 인사부에서 신입 사원 채용을 담당했던 시절, 나에게 사용자란 지메일Gmail이나 구글 캘린더를 쓰는 사람 혹은 유튜브YouTube를 시청하는 사람들이 아니었다.

채용 공고에 지원하는 사람, 면접관으로서 나를 대신해 지원자를 상대하는 직원들이 바로 사용자였다.

그래서 늘 그들의 입장에 서서 고민하며 일했다.

세계 여러 나라에서 모인 구글 인사부의 동료들은 언어도 상식도 모두 달랐다. 그런 동료들과 함께 일하기 위해서는 '다른 것이 당연하다'는 시선으로 모든 것을 바라보아야 했다.

같은 나라 사람과 일할 때와는 달리 '말하지 않아도 눈치껏 이해해주는' 경우는 결코 없었다. 제대로 설명하지 않으면 아무것도 통하지 않는다는 전제하에 거듭 소통하며 신뢰 관계를 쌓는 과정이 중요했다.

그런 의미에서 상대가 동료든, 팀 멤버이든 나에게 필요한 자세는 변하지 않는다.

그 사람에게 무엇이 필요한지, 어떤 어려움을 겪고 있는지 살피고 파악해서 서로의 역량을 온전히 발휘할 수 있는 관계를 만드는 것이다.

인도 동료들의 시간관념에 관한 이야기도 마찬가지다. 일본 사람은 "급한 일이 생겨서"라든지 "지하철이 연착되어서"라든지 지각한 이유를 설명하며 사과부터

하는 것을 예의이자 상식이라고 여긴다.

반면 인도 사람에게 시간은 '사람이 지배할 수 없는 존재, 그저 흘러가는 존재'일 뿐이다.

인도 사람들은 미팅 시간에 조금 늦더라도 크게 신경 쓰지 않는다. 만약 일정을 깜빡해 미팅에 참석하지 못해도 "시간은 언제나 흘러가는 법이니 신경 쓰지 마세요"라는 말이 괜찮은 설명이 될지도 모른다.

일본인의 상식으로 생각하면 터무니없는 핑계로 들리겠지만, 지각한 인도인 동료에게 왜 늦었냐고 다짜고짜 화를 내면 신뢰 관계가 단번에 와장창 무너진다.

그건 일본인들의 사정이라고 오히려 화를 낼지도 모른다.

그러므로 누구의 상식이 옳고 그른가 하는 문제는 아무런 의미가 없다. 서로 '다른 것이 당연하다'고 받아들이는 자세가 반드시 필요하다.

그런 마음가짐이 있어야 비로소 상대방의 개성을 발견할 수 있고, 상대도 나의 개성을 찾을 수 있다. 나아가 서로의 개성을 최대한 발휘할 수 있게 된다.

| 상대방의 입장에서 바라보기

사용자 우선의 관점이란 '상대방의 입장에서 상황을 바라본다'는 뜻이다.

자신이 상대해야 하는 사람, 즉 사용자의 입장에서 바라보면 나와 상대방의 차이와 간극을 이해할 수 있다. 그리고 그 간극을 뛰어넘어 협력에 이르는 것 또한 중요하다.

일본은 아주 비슷한 문화를 가진 사람들이 모여 사는 섬나라다. 모두 같은 언어로 말하고, 같은 역사를 공유한다. 그래서 '분위기를 파악하는' 일본 특유의 사고방식도 뿌리 깊게 자리 잡았다.

서로 지나치게 많은 부분을 공유하는 환경에서 나고 자란 경험은 일본을 넘어서 세계로 나아가고자 하는 젊은 세대에게 무거운 족쇄나 다름없다.

세계와 소통하려면 전혀 다른 문화를 가진 사람들과 다양한 상식의 간극을 조정하면서 한계를 넘어서야만 한다.

태어난 곳에서 평범하게 생활하다 보면 그런 경험을

하기가 생각보다 쉽지 않다. 그러나 나처럼 산골에서 살던 시골내기에게는 도시로 나가는 것조차도 전혀 몰랐던 세상을 만날 기회가 되었다.

실제로 나는 작은 마을을 벗어나 도시에 있는 고등학교에 진학한 것만으로도 그때까지 알고 있던 것들이 전부가 아니라는 사실을 뼈저리게 느꼈다.

그리고 고등학교를 졸업한 뒤 국제기독교대학, IBM, 구글에서 세계 여러 나라의 사람들을 만나며 새로운 경험을 쌓았다. 어쩌면 아주 운이 좋았던 것 같기도 하다.

일본에는 타인과의 통일성을 중시하는 문화가 여전히 뿌리 깊게 남아 있지만, 한편으로는 '개인의 시대'가 새로이 주목받기 시작했다.

같은 나라에서 태어났을지라도 완전히 똑같은 사람은 어디에도 없다. 따라서 각자의 차이를 존중하는 태도와 각기 다른 개성을 살리는 기술이 필요하다고 보는 것이다.

앞으로는 개성과 다양성이 더욱 두드러지는 사회가

될 것이다. 이런 환경 속에서 생각이 다른 사람과 신뢰 관계를 구축하고 자신의 개성을 발휘하려면, 역시 상대방의 입장에서 생각하는 사용자 우선의 관점이 필요하다.

그러므로 사용자를 먼저 생각하는 자세는 세계로 나아가 활약하는 젊은 세대에게 중요한 포인트라 할 수 있다.

자신의 개성과 일을 한데 묶어 생각한다

'다른 것이 당연하다'는 마음가짐으로 상대방을 바라보면 그 사람의 개성을 발견할 수 있다고 앞서 설명했다. 그 말은 곧 누구에게나 남과 다른 특색이 있다는 뜻이기도 하다.

그러므로 자기 분석을 할 때도 '나의 개성은 무엇인가'라는 관점에서 자신의 장점을 찾고 언어나 행동으로 표현하는 연습을 해야 한다.

구글에서 일할 때 겪은 일화를 하나 소개하고자 한다. A라는 학생의 개성과 관련된 이야기다.

A는 구글의 신규 졸업자 채용에서 1차 전형을 통과

하고 2차 전형을 앞두고 있었다. 당시 인사 담당이었던 나는 2차 전형 준비를 돕기 위해 A와 가볍게 면담을 하며 이런저런 이야기를 나누었다.

취업을 앞둔 학생들에게 자기소개를 해달라고 하면 거의 대부분 막힘없이 술술 말한다. 자기소개는 누구나 철저하게 준비하기 때문이다.

A도 역시 내가 "누구에게도 뒤지지 않는다고 생각하는 부분이 있다면 무엇인가요?"라고 묻자 "비즈니스 서적을 많이 읽어서 관련 지식에 누구보다 자신이 있습니다"라든지 "비즈니스 아이디어 경연 대회에 적극적으로 참가하고 있어서 사람들 앞에 나서는 데 익숙합니다"라고 대답했다. 취업에 도움이 될 법한 무난한 이야기들을 막힘없이 늘어놓은 것이다.

물론 크게 흠잡을 데 없는 내용이었지만, 면접에서 이런 답을 하는 학생은 아주 많다. 오직 A만 할 수 있는 일이 무엇인지 알고 싶어서 나는 이렇게 물었다.

"그런 이야기 말고 뭔가 오래전부터 열중해왔고 지금도 좋아하는 일은 없나요?"

A는 "음…." 하고 잠시 생각에 잠기더니 말했다.

"이런 이야기도 괜찮을지 모르겠지만, 저는 F1을 아주 좋아해요."

"바로 그거예요!"

매우 기분 좋은 발견이었다.

일을 잘하느냐 못하느냐보다는 어떤 사람인지를 알아야 구글이라는 환경에서 성장할 인재인지 아닌지 판단할 수 있다.

따라서 기업에서는 언뜻 보면 일과 1mm도 관계없어 보이지만, 비즈니스 서적이나 경연 대회보다는 그 사람이 기본적으로 어떤 것에 관심이 있는지를 알고 싶어 한다.

나는 "왜 자동차 레이스를 좋아하나요?", "특히 관심 있는 드라이버는 누구인가요?" 하고 계속해서 질문했다. 그중에서도 A가 명승부라고 추천한 경기를 유튜브로 함께 보며 설명을 듣기도 했다.

A는 또래 중 같은 취미를 가진 사람이 거의 없는 데다 구글과도 전혀 관계가 없다는 생각에 준비를 못 했다며 제대로 대답하지 못해 미안하다고 했다. 하지만

그의 우려와 달리 F1 이야기는 오히려 A의 성격이 잘 드러나는 주제였다. 그래서 더욱 깊이 파고들어 계속 질문을 던졌다.

"F1의 어떤 요소가 마음에 와닿았나요?"

"F1에는 여러 가지 제약이 있어요. 드라이버들은 그 제약 속에서 각자의 개성을 발휘하기 위해 레이스에 참전하죠. 그런 점이 정말 재미있어서 저한테는 엔터테인먼트처럼 느껴져요."

"그렇다면 구글에서는 이런 일과 잘 맞을지도 모르겠네요."

구글은 광고를 다루는 회사이니 A가 프로 스포츠 관련 광고에 집중적으로 힘을 기울이면 스포츠 업계에도 도움이 되고 구글에도 기여할 수 있다. 물론 F1만으로는 고객이 한정적이므로 많은 사람을 열광케 하는 프로 스포츠를 아우르면 선택지가 넓어질 것이다.

그런 이야기를 들려주자 A는 2차 전형에 임할 자신감과 뚜렷한 목표가 생겼다고 했다. 꼭 구글에 입사해서 프로 스포츠를 지원하는 일을 하고 싶다고 밝은 목소리로 말했다.

이후 A는 결국 최종 단계까지 돌파해서 구글에 입사했다. 그리고 몇 차례 이동을 거친 끝에 지금은 스포츠 관련 고객을 서포트하는 온라인 광고 분야에서 일하고 있다.

| 빌려 온 말은 상대방의 마음에 가닿지 않는다

A의 마음속에서 구글의 지원 동기와 F1은 아무런 관계도 없는 별개의 문제였다. 하지만 나는 그것이 A의 커다란 강점이라고 느꼈다. 그래서 더 깊이 파고들며 질문했고, A는 점점 더 정확하게 자기 자신을 표현할 수 있게 되었다.

그때 내가 F1에 관한 뜨거운 관심을 눈여겨보고 질문하지 않았다면, A는 다음 단계를 통과하는 데만 치중한 채 면접에 임했을지도 모른다. 그랬다면 과연 A가 가진 개성과 열정이 면접관들에게 온전히 전해졌을까.

나는 누구에게나 남과 다른 특색이 있다고 믿는다. 그래서 A만이 할 수 있는 이야기를 이끌어내고 깊이 있는 질문도 할 수 있었다.

A는 질문에 답하는 사이 자신이 왜 이 직업을 택해야 하는지, 왜 이 기업에 들어가야 하는지 더욱 깊이 이해하게 되었다. 그 전까지는 자신의 개성에 자신감을 느끼지 못하고 취업을 하는 데 있어서도 자신의 근본적인 관심사를 겉으로 드러내지 않는 편이 좋다고 생각했다.

그러나 '자신의 개성을 어떻게 일과 연결시킬지'를 생각하는 것이야말로 진정한 의미의 취업이다. A는 비로소 취업의 본질을 깨달은 것이다.

사실 1차 전형이 끝난 후 면접관에게 A에 대해 이런 피드백을 받았다.

"합격시킬 만은 하지만 진심이 잘 느껴지지 않네요."

뭐든 어려움 없이 매끄럽게 대답하지만, 무슨 일이 있어도 구글에 입사하고 말겠다는 열정은 느껴지지 않는다는 말이었다. 그래서 2차 전형에서는 그 부분을 확인하고 싶다고 했다.

A는 입사 전형이 시작되기 전에 대화를 나누었을 때도 건강하고 활달한 인상이었기 때문에 열정이 없다는

말이 몹시 어색하게 느껴졌다.

그래서 2차 전형 전에 뭔가를 이끌어낼 수 있지 않을까 싶은 마음에 이런저런 질문을 한 것이다. 물론 그런 피드백이 있었다는 이야기는 하지 않았다.

A가 구글에 합격한 이유는 F1을 좋아해서가 아니다. 자신이 가진 '열정'을 제대로 보여주었기 때문이다. 달리 말하자면 A는 1차 전형에서 지원 동기를 표현하는 무기를 잘못 선택했던 셈이다.

2차 전형 이후 면접관의 피드백은 이렇게 달라졌다.

"왜 구글에서 광고 일을 하고 싶은지, 앞으로 어떤 방향으로 가고 싶은지, 본인이 지금 열중하고 있는 일을 예시로 들면서 정확하게 설명했습니다. 그 열정은 진짜라고 생각해요. 능력도 더할 나위 없이 좋으니 채용해도 좋을 듯합니다."

일을 할 때도 어딘가에서 빌려 온 듯한 미사여구를 줄줄이 늘어놓고 개성 없는 대답만 들려주어서는 타인의 머리에도 가슴에도 인상을 남기지 못한다.

A가 그랬듯이 자신이 진심으로 느끼고 생각한 것을

자신의 언어로 당당하게 전한다면 회사 안에서 그 사람의 개성과 열정을 알아볼 것이다.

인지 편향을 깨달으면 성장 속도가 빨라진다

지금까지 개성을 찾고자 할 때 반드시 필요한 사용자 우선의 관점, 즉 상대의 입장에서 상황을 바라보는 것이 얼마나 중요한지 살펴보았다. 앞에서 말했듯이 서로 '다른 것이 당연하다'는 마음가짐이 있어야만 자신과 타인의 강점을 발견할 수 있다.

그런데 '다른 것이 당연하다'는 태도를 방해하는 커다란 적이 있다. 바로 '인지 편향cognitive bias'이다. 편향이란 선입견이나 고정관념과 유사한 개념이다. 인지를 왜곡시키는 선입견이 곧 인지 편향이다.

이러한 인지 편향을 배제하면 '다른 것이 당연하다'는 생각을 머릿속에 새겨 넣는 데도 도움이 된다.

구글에서는 모든 사원을 대상으로 '선입견 파괴^{bias} busting'라는 연수를 실시한다.

"우리는 온갖 편향에 둘러싸여 있으며, 편향에는 다양한 종류가 있다. 그러므로 이들을 의식적으로 배제하며 일해야 한다. 메일 한 통을 쓸 때도 마찬가지다."

연수에서는 이런 내용을 배운다.

누구에게나 지금까지 살면서 자연히 자리 잡은 편향이 존재하기 마련이다.

사람마다 당연하다고 여기는 부분, 어떤 상황을 인식할 때 사고의 출발선이 되는 부분이 있다. 그리고 이는 사람마다 모두 다르며, 실제로 다양한 의사 결정에 영향을 미친다.

아무리 자신에게는 선입견이나 고정관념이 없다고 생각해도, 인지하지 못할 뿐 어딘가에 반드시 존재한다. 따라서 자신이 어떠한 선입견이나 치우친 지식과 정보로 상황을 판단하고 있지 않은지 늘 주의를 기울여야 한다.

'다른 것이 당연하다'는 태도를 사고의 대전제로 삼

으려면, 우선 모든 사람에게 인지 편향이 존재함을 이해하고 자신의 사고방식이 어딘가 기울어져 있음을 자각할 필요가 있다.

그다음 인지 편향을 의식적으로 배제해야만 비로소 상대방의 본질 속에 숨은 강점을 찾을 수 있다.

예를 들어 동료가 업무와 관련해 어떤 아이디어를 냈을 때, 자신의 생각만으로 "나는 별로니까 반대야"라고 판단하기 십상이다. 하지만 내가 인식하지 못했을 뿐 아주 큰 가능성이 있는 아이디어일지도 모른다.

구글의 '선입견 파괴'는 기업의 성장으로 이어질 아이디어가 이처럼 가려지거나 뭉개지지 않도록 막기 위한 훈련이다.

별난 아이디어를 내는 사람을 보고 지식이나 정보가 부족하다고 단숨에 잘라버리는 것이 아니라 "왜 이런 타이밍에 그런 아이디어를 냈을까? 어떤 생각을 하다가 그런 결론에 이르렀지? 내가 놓친 부분이 있지 않을까?" 하고 아이디어의 본질을 들여다볼 수 있도록 사원들을 교육하는 것이다.

이처럼 항상 인지 편향을 배제하며 생각하면 다양한 가능성에 눈뜰 수 있다.

다양한 개성을 지닌 사람들이 모여 함께 일할 때는 좋은 점이든 나쁜 점이든 서로 다른 부분 자체를 무기로 받아들이고 서로의 역량을 온전히 발휘하는 것이 무엇보다 중요하다.

그러기 위해서는 표면적인 대화 속에서 의견을 조정하는 데 그치지 않고, 상대방이 아직 말로 표현하지 못한 잠재적인 필요까지 알아채려는 자세가 필요하다.

어떻게 해야 상대방에게 도움이 될까? 정답을 알아내려면 그 사람이 인지하지 못한 과제나 장점, 단점 같은 부분까지 헤아려야 한다.

늘 그런 자세를 실천하기란 분명 쉽지 않다. 하지만 상대방은 항상 무의식적으로 실마리를 내어준다. 그 실마리를 잡아채려는 의지만 있다면 커뮤니케이션은 완전히 다른 모습이 될 것이다.

요컨대 인지 편향은 개인의 성장에도 기업의 성장에도 최대의 적이라 할 수 있다.

| 인지 편향 뒤에는 그 사람의 개성이 숨어 있다

실제로 인지 편향의 존재를 깨닫고 나서 자신이 한 층 성장했음을 실감한 적이 있다.

구글에서 일하던 시절에 있었던 일이다.

당시 나는 회사에서 개최하는 행사를 총괄하는 기획 팀의 리더였다. 팀 멤버들은 싱가포르인과 인도인들이 었고 화상 회의를 통해 진행 사항을 논의했다. 멤버들과의 첫 화상 회의를 앞두고 내가 한 생각은 행사 개최 일시를 먼저 정해야 장소도 인원수도 예산도 정할 수 있으니 당연히 일시가 우선이라는 것이었다.

그래서 첫 회의에서 논리 정연하게 제한된 조건을 설명하고 "먼저 일시를 정합시다" 하고 제안했다. 그런데 급격히 시끌시끌해지더니 논쟁이 벌어지고 말았다. 이벤트 콘텐츠가 먼저라든지, 장소가 먼저라든지, 멤버마다 의견이 너무나 달랐기 때문이다.

장소가 먼저라고 말한 B는 아주 근사한 사무실은 방문하는 것만으로도 좋은 에너지를 얻을 수 있으며, 같은 구글 사옥이라도 장소가 변변찮으면 행사를 진심으로 즐길 수 없다고 주장했다.

"하지만 공간을 쓸 수 있는지 없는지 알려면 일시를 정해야 하지 않을까요?"라고 물어도 "그러니까 장소를 정하고 나서 일시를 정하면 되잖아요"라며 한사코 뜻을 굽히지 않았다.

콘텐츠가 우선이라고 말한 멤버도 마찬가지로 참가자가 즐거운 시간을 보낼 수 있도록 하는 것이 최우선이니 일시 같은 숫자 이야기는 뒤로 미뤄도 된다고 생각하고 있었다.

그들에게는 지금까지 다양한 경험을 통해 얻은 신념이 있을 터였다. 하지만 나의 역할은 프로젝트 매니지먼트였다. 프로젝트를 제대로 진행하기 위해 '효율'에 초점을 맞추고 정체가 일어나기 쉬운 문제부터 먼저 해결하기로 했다. 결국 일시를 먼저 명확하게 정해야 많은 문제를 수월하게 해결할 수 있다고 멤버들을 설득해 리더로서의 의견을 관철했다.

이후 회식 자리에서 B에게 물었다.

"왜 그렇게 장소를 고집한 거예요?"

B가 마음에 들어 하던 장소를 섭외하지 못해 조금 불만인 듯 보였기 때문이다. 뜻밖에도 B는 자신의 경험담을 들려주었다.

"예전에 어떤 행사에 참가한 적이 있는데, 내용은 참 좋았는데 장소가 좋지 않아서 너무 아쉬웠던 기억이 있어요. 그래서 이번에는 내가 가장 멋지다고 생각하는 장소에서 개최해야겠다고 생각했거든요."

그 이야기를 듣고 첫 화상 회의를 떠올렸다. 그때 B가 이런 경험을 바탕으로 주장했다는 사실을 알았다면 의견을 좀 더 고려해볼 수 있었을 텐데. 너무 효율만 앞세워 결론을 낸 것 같다고 반성했다. 나는 그 부분을 보완할 수 있는 계획을 제시하기로 했다.

"장소는 달라도 행사장 자체를 멋지게 만들 수는 있지 않을까요?"

그러자 B도 "그렇네요!" 하고 고개를 끄덕여주었다.

쾌적하고 멋진 장소가 되도록 행사장을 장식하고 다과와 음료도 준비할 수 있도록 B에게 예산을 일부 할당해주었다.

"그런 경험이 있으니 분명 손님을 대하는 서비스는

당신이 더 잘 알 것 같아요. 아예 권한을 일부 넘겨줄 테니 맡아보겠어요? 사회도 맡아주면 더 좋고요."

내 제안에 B는 무척 기뻐했고 이후 점점 더 적극적으로 활동하게 되었다. 덕분에 이벤트는 대성공을 거두었다.

그때 B에게는 '장소'에 대한, 나에게는 '효율'에 대한 고정관념이 있었다. 하지만 대화를 통해 고정관념을 지움으로써 서로의 역량을 온전히 발휘할 수 있게 되었다.

눈치만 살피다가는 개성을 찾을 수 없다

일본은 타인과의 통일성을 중시하는 문화가 강해서 개성적인 사람이 많지 않다고 하지만, 사실 개성이나 특색이 없는 사람은 없다. 지나치게 많은 것을 공유하는 문화 때문에 쉽사리 깨닫지 못하는 것뿐이다.

언어나 생활 양식이 다른 사람들이 만나면 서로를 파악하기 위해 의식적으로 의사소통을 하는 수밖에 없다. 그러면서 언어를 통해 다양한 개성이 드러나고 서로를 존중하며 관계를 만들어나가는 계기가 된다.

그와 반대로 일본인들의 커뮤니케이션은 우격다짐에 가깝다 해도 과언이 아니다. 이미 모두가 공유하고 있는 언어와 생활 양식을 과신한 나머지 '말하지 않아도 알 것'이라는 고정관념이 매우 강하다.

"그럼 부탁할게."

이렇게 한마디만 해도 어떻게든 일이 해결된다. 눈치껏 분위기를 파악하는 식의 커뮤니케이션이 제대로 성립하는 것이다. 그런 상황이 결국 서로의 개성을 발견할 기회를 훼손하는 것이 아닐까.

그렇다면 눈치껏 상대방의 뜻을 파악하는 문화 속에서 어떻게 하면 서로의 개성을 발견하고 성장의 속도를 높일 수 있을까?

첫걸음은 자기 자신이 남과 다른 존재임을 깨닫는 것이다. 앞서 여러 번 말했지만, 개성이 없는 사람은 어디에도 없다. 내가 누구보다 잘하는 부분, 무슨 일이 있어도 관철하고 싶은 부분을 계속해서 키워나가기 위해서는 분위기에 휩쓸리지 않고 용기 있게 자신의 일을 하고 삶을 살아가야 한다. 그런 자세가 나만의 인생을 개척할 원동력이 된다.

그런 일과 삶에 만족감과 자신감을 느낀다면, 틀림없이 다른 사람의 개성을 발견하고 힘을 합칠 수 있다.

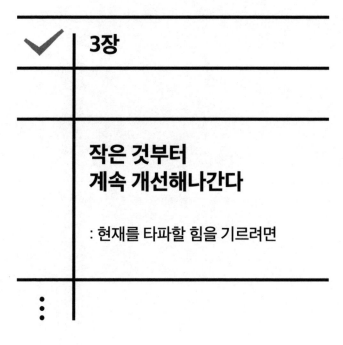

3장

작은 것부터
계속 개선해나간다

: 현재를 타파할 힘을 기르려면

하루하루 작은 생각을 거듭하며
비판적 사고를 기른다

구글에는 '크리티컬 씽킹critical thinking', 즉 비판적 사고라는 문화가 있다. 회사든 직원이든 계속해서 성장하려면 '개선'이 반드시 필요하기 때문이다. 그렇다고 해서 뭐가 되었든 전부 새롭게 바꿔야 한다거나 죽을힘을 다해 과거를 부정해야 한다는 뜻은 아니다.

작은 것부터 끊임없이 개선해나가기 위해 늘 작은 문제점을 찾아내는 것. 그러한 비판적 사고를 중시하는 문화다.

1장에서 피드백의 사이클을 끊임없이 돌리자고 이야기했는데, 그 과정에서 누군가가 준 피드백을 자기 나름대로 곱씹고 맛보는 작업도 일종의 비판적 사고다. 비판적 사고 없이는 어떤 작은 일도 개선하고 보완할 수 없다.

성장하기 위해서는 마치 오래달리기를 하듯 멈추지 않고 매일매일 작은 궁리를 거듭하려는 사고방식이 필요하다.

비판적 사고를 하면 반드시 작은 문제점이 하나라도 드러난다. 그것을 꾸준히 고쳐나가는 것이 중요하다. 그러므로 매일 아주 사소한 것이어도 괜찮으니 거듭 질문하며 자신의 행동을 되돌아보자.

"혹시 지금까지 해온 일이라고 해서 아무 생각 없이 계속하고 있는 건 아닐까?"

"이것도 내 방식대로 바꿀 수 있지 않을까?"

이렇게 조금이라도 자기 자신을 바꾸려고 노력하다 보면 빠르게 성장할 수 있는 길이 가까워지게 된다.

예를 들면 회사를 오가는 방법도 좀 더 쾌적하고 편리하게 바꿀 수 있을지도 모른다.

나는 평소 자전거를 타고 출퇴근하는데, 회사까지 가는 다양한 루트가 있다. 되도록 지나다니는 사람이 적고 신호등도 적어 빠르고 안전한 길이 가장 좋지만, 시간대에 따라 길의 상황이 달라진다. 그래서 다양한 요소를 머릿속에 넣어둔 채 실제로 어떤 경로가 가장 좋은지 매일 새로운 길을 시험해보면서 조금씩 조정하고 있다. 이런 사소한 일도 비판적 사고를 연습하는 좋은 기회가 된다.

| 오래 일하려면 반드시 가져야 할 능력

일본은 사회 시스템이 원활하게 작동하는 나라 중 하나다. 예를 들어 도쿄에서는 길에서 망가진 자판기를 찾아보기 힘들고 전철도 대부분 늦는 일이 없다. 어떤 나라에서는 상상하기 힘든 일일지도 모른다.

하지만 그런 쾌적한 시스템이 있기에 자신이 처한 환경을 제대로 자각하지 않으면 현재를 아무런 생각 없이 받아들이기 십상이다. 단순한 사용자가 되는 것이다.

그런 자세로는 비판적 사고를 기르지 못한다. 아무리 시스템에 몸을 맡기는 지금이 안락하더라도 자세히 들여다보면 어딘가에 개선의 여지가 있기 마련이다.

마음을 굳게 먹고 이곳저곳으로 시선을 돌려보자.

이렇게 상황을 비판적으로 인식하고 생각하는 습관은 회사에서도 큰 도움이 된다.

문제점을 찾아내는 것, 찾은 문제점을 자기 나름의 방식으로 고쳐나가는 것은 일터에서 오래도록 활약하는 인재가 되는 데 있어 중요한 능력이다. 그리고 비판적 사고는 그 바탕이 되는 사고방식이다.

그러므로 비판적 사고를 통해 독자적인 관점으로 스스로 무언가를 개선한 일화를 만들어 두면 본인의 강점을 어필할 때 매우 좋은 인상을 줄 수 있다. 예시로 비판적 사고와 관련된 경험담을 하나 소개하고자 한다.

대학교 1학년 때 한 음식점에서 아르바이트를 했는데, 당시 사장님들은 뚝 떨어진 매출 때문에 골머리를 앓고 있었다. 어떻게 홍보해야 손님이 늘지, 어떤 메뉴를 개발하면 인기를 얻을지, 이런저런 궁리를 하느라 바빴다. 옆에서 고민하던 나는 평소 생각했던 바를 사장님에게 털어놓았다.

"매출을 높이고 싶은지, 이익을 늘리고 싶은지, 목표가 정확히 무엇이냐에 따라 방법도 달라지지 않을까요?"

그뿐만 아니라 유독 폐기하는 음식이 많다는 점 등 아르바이트를 하며 특히 신경 쓰였던 문제들도 덧붙였다. 그러자 생각보다 다양한 개선책이 나왔다. 그 결과, 얼마 뒤 약간이지만 가게의 이익률이 높아지고 일도 전보다 편해졌다.

나는 아르바이트생일 뿐이니 시키는 대로만 하면 된다는 수동적인 자세가 아니라, 이 음식점에서 일하는 당사자로서 주체적이고 적극적으로 문제를 마주했다. 그렇기에 비판적 사고를 통해 문제점을 발견하고 개선할 수 있었다.

기업의 리더들은 어떤 일이든 당사자의 입장에서 적극적으로 해결하고자 하는 '발전적인' 비판적 사고를 높게 평가한다.

대학교 2학년 무렵에는 이런 일도 있었다. 한 수업에서 교수님이 과제를 내주었는데, 문득 이런 의문이 들었다. '대체 왜 지금 이 과제를 내주셨을까?' 궁금한 마음에 결국 교수님에게 직접 질문을 하러 갔다.

그러자 교수님은 나를 칭찬하며 이렇게 말했다.

"그다음에 이런 과제를 낼 예정이야. 이번 과제는 다음 단계를 위한 포석이지. 자네는 그 점에 의문을 가졌으니 이번 과제는 하지 않아도 좋아. 바로 다음 과제로 넘어가면 되겠군. 눈치채다니 제법인데."

적극적인 자세로 수업에 임하면 배움의 질은 훨씬 더 높아진다. 이 또한 '발전적인' 비판적 사고라 할 수 있다.

그때 교수님은 이런 말도 남겼다.

"눈앞에 있는 문제에만 집중하지 않고 그 너머에 무언가 있다는 생각으로 앞을 내다보고 거꾸로 계산해 대비하려 하는 건 대학에서 가르치는 비판적 사고 그 자체이지."

나는 어릴 적부터 부모님에게 "왜? 왜?" 하고 끊임없이 질문하고 "싫어, 싫어!" 하고 반항하는 아이였다고 한다. 우스갯소리 같지만 일찍이 비판적 사고에 익숙한 아이였는지도 모른다.

　한때는 "역시 네 말이 맞네"라는 말이 가족의 유행어
가 된 적도 있다. 어쩌면 반항기가 여전히 계속되고 있
는 것뿐일지도 모르겠다.

배우려는 자세만 있으면
실패란 존재하지 않는다

요즘은 완벽한 강점 없이는 섣불리 앞에 나서면 안된다고 생각하는 사람이 많아진 듯하다. 지나치게 신중하다고 해야 할까?

그러나 강점이란 그 사람의 개성 그 자체이므로 애초에 완벽한 '모범 답안'은 존재하지 않는다. 그렇기에 비판적 사고가 중요하다.

비판적 사고는 자신만의 강점을 키우는 데 가장 효과적인 사고법이다.

사람은 눈앞에 보이는 상황의 옳고 그름을 판단하고 그릇된 부분을 포착하면서 점차 자신만의 형태로 성장해나간다. 그렇게 얻은 강점은 세상에서 오직 나만 쓸 수 있는 무기, 바로 개성이 된다.

우리 한 사람 한 사람은 80억 분의 1이라는 어마어마한 고유성을 가지고 태어났다.

모두가 유일무이한 형태에서 출발한 것이다. 그러므로 자신이라는 존재에 자부심을 가지고 아무리 작은 장점이라도 그것을 살릴 수 있는 곳을 스스로 찾아 나서야 한다. 그 끝에서 능력을 마음껏 발휘할 수 있는 일을 만날 수 있다.

실패를 겁내지 않고 끊임없이 시도하지 않으면 능력을 더욱 예리하게 다듬지도, 사용하는 데 능숙해지지도 않으며 능력의 크기도 키울 수 없다.

토머스 에디슨은 이렇게 말했다.

"나는 실패한 것이 아니다. 그저 효과가 없는 만 가지 방법을 발견한 것뿐이다."

에디슨은 전구를 발명하기까지 올바른 방법을 찾기 위해 계속해서 새로운 실험을 시도했다. 늘 긍정적인 마음가짐으로 가설을 세우고 검증하기를 계속해서 반복했다.

try and error, 즉 시행착오라는 말이 있듯이 가령 실패하더라도 '왜 잘못되었는지'를 배울 수 있다. 배움이 있다면 그 결과는 더 이상 실패가 아니게 된다.

그러므로 어떤 일에서든 배우고자 하는 의지만 있다면, 시도하는 시점에 이미 착오error는 존재하지 않는다.

실패해도 속상해할 필요는 없다. 좌절하고 마음 아파하기보다는 호기심을 가지고 "아아, 이렇게 하면 안 되는구나!" 하며 숨은 재미를 찾아보자.

"왜 성공하지 못했을까?"

이런 물음도 좌절 앞에서는 한탄이 되겠지만, 호기심 앞에서는 긍정적이고 주체적인 모양이 된다.

막상 실패가 닥치면 무심코 빨리 잊어버리고 싶다는 마음이 들기 쉽다. 하지만 그런 마음에 머무르지 않고 "그렇구나, 재미있네. 왜 그렇게 되었지? 다음에는 이렇게 해봐야지!" 하며 앞으로 나아가자.

나 또한 내 인생에서 실패한 일은 없다고 생각한다. 다른 사람이 보기에는 실수투성이인 인생일지도 모르

지만, 나 자신은 그때마다 두근거리는 마음으로 새로
운 사실을 깨닫고 많은 것을 배웠다.

그런 마음가짐이 지금도 끊임없이 많은 일을 시도할
수 있게 만드는 원동력이 아닐까.

| 일에도 늘 시행착오가 따른다

일을 하다 보면 누구나 시행착오를 겪는다. 따라서
'실패는 무언가를 배울 기회'라는 자세는 어떤 회사에
서든 통한다.

상사는 당연히 부하 직원이 같은 실수를 반복하지
않기를 바란다. 그래서 왜 실수했는지, 다음에는 잘할
수 있는지 묻는다.

이렇게 가설을 세우고 검증을 거듭하면서 윗사람도
아랫사람도 다양한 배움을 얻고 앞으로 나아가는 것
이다.

다만 개중에는 부하 직원이 실수했을 때 감정적으로
화를 내는 상사도 있다. 심하면 부하 직원에게 트라우
마로 남기도 한다. 실수나 실패를 기피하는 문화가 있

는 회사일수록 그런 경향이 강하다. 그런데 구글은 오히려 실패를 장려한다. 일이 뜻대로 굴러가지 않았을 때 누구도 '실패failure'라 말하지 않고 '배울 기회learning opportunity'라고 표현한다. 실패한 프로젝트의 결과를 보고할 때도 예상한 대로 되지 않은 이유를 설명하기보다는 결과에서 어떤 점을 배웠는지 설명하도록 요구한다.

사람의 능력처럼 기업의 능력 또한 실패를 장려하는 문화 안에서 훨씬 크게 성장한다는 것은 자명한 사실이다.

나도 대학 졸업 후 처음 취업 전선에 뛰어들었을 때는 다양한 기업에 지원한 끝에 IBM에 합격했다. 가장 입사하고 싶었던 회사는 취업 설명회까지 참석해서 꼭 붙어야겠다고 다짐했건만, 1차 면접에서 탈락하고 말았다.

당시에는 인생이 내 마음 같지 않다며 꽤나 의기소침했다. 하지만 탈락한 이유가 무엇일지 내 나름대로 깊이 파헤치고 생각해보니 취업에 대한 이해와 방식 그리고 자세 또한 몹시 허술했음을 깨달았다.

쓰디쓴 경험을 계기로 이후부터는 지원하는 기업에 대해 더 자세히 조사하고, 자신을 어필할 수 있는 에피소드도 많이 준비했다.

대부분 최종 면접까지 남게 되었지만, 그럼에도 합격은 쉽지 않았다. 그래서 왜 최종 면접까지 가면서도 매번 떨어지는지 알기 위해 주변 사람들에게 피드백을 구하러 다녔다.

그 결과, 최종 면접에서 떨어지는 이유는 어디서 갖다 붙인 듯 그럴듯한 말을 하기 때문이라는 사실을 깨달았다. 그 뒤로는 내가 직접 경험하고 진심으로 이해했던 에피소드와 나만의 개성으로 솔직하게 어필하기로 했다.

취업 활동 중에 그러한 변화, 즉 성장이 있었기에 IBM의 최종 면접을 통과할 수 있었던 것이 아닐까?

자기 나름의 생각을 갖는 것이
개성을 발휘하는 지름길이다

구글에서는 '현재에 대한 도전'이라는 가치관이 조직 안에 문화처럼 자리 잡아 구성원들이 매일매일 작은 개선을 멈추지 않도록 등을 밀어준다. 그렇다고 해서 햄스터가 필사적으로 쳇바퀴를 돌리는 모습을 상상해서는 안 된다. 그보다는 훨씬 더 따스한 광경이기 때문이다.

현재에 대한 도전이라는 가치관에는 '구글의 구성원은 각자 뛰어난 분야가 있고, 개개인의 강점이 조화를 이룰 때 새로운 가치가 탄생한다'는 긍정적 사상이 깔려 있다.

이미 정해진 업무를 수행할 뿐이라면 개성을 발휘할

필요가 없겠지만, 구글은 그런 회사가 아니다. 지금 가진 것을 더 좋게 변화시키고, 지금 없는 것을 새로이 만들어내고자 하는 회사다.

자연히 어떠한 벽을 깨부수어야만 하는 일, 먼저 발상부터 바꿔야 하는 일들이 매일같이 일어난다. 그럴 때는 구성원 모두가 각자의 개성을 최대한 발휘해서 자신이 잘하는 무언가를 이용해 현재 상황을 돌파해야 한다.

요컨대 구글의 '현재에 대한 도전'이란 현재를 더 좋은 방향으로 바꿀 수 있으리라는 기대를 품고, 자기 나름의 방법으로 적극적으로 개선해나가자는 뜻이다.

구글에서는 분기마다 한 번씩 상사와 논의해서 업무 목표를 정한다. 이때 '이전 분기와 동일하게'라는 목표는 절대로 있을 수 없다. 반드시 더 멋진 결과를 내기 위해 어떻게 해야 할지 함께 고민하고 논의한다. 목표 설정 단계에서부터 모두가 당연한 듯이 '현재에 대한 도전'을 실천하는 것이다.

| 현재를 바꾸려는 작은 고민들이 자기효능감을 낳는다

구글에서는 한 가지 일을 끝냈을 때 언제나 이런 질문을 받는다.

"어떤 방식을 썼나요? 새로운 방법을 고안했나요?"

지금까지 10밖에 하지 못했던 일을 자는 시간까지 줄여가며 20까지 해내는 것은 절대 구글의 방식이 아니다. 당연히 뭔가 지금까지와는 다른 방식으로 일을 처리했으리라고 믿기 때문에 그 사람이 어떤 방법을 찾아냈는지 알고 싶어 한다. 그 물음에 답하기 위해 작은 고민을 거듭하다 보면 자신이 무엇을 할 수 있는지 확실히 알게 된다.

자신의 개성을 완전히 자각하고 강점을 마음껏 발휘하고자 마음먹으면 '나라면 이렇게 하고 싶다'는 남다른 아이디어가 나타난다.

작은 고민을 거듭하며 현재를 조금씩 바꿔나가는 것이야말로 자신의 강점을 한층 성장시키는, 내가 가진 재능의 싹을 키우는 가장 빠른 지름길이다.

그뿐만 아니라 생각을 거듭하며 얻은 자신감과 자기효능감은 위기에 맞닥뜨렸을 때도 포기하지 않고 상황을 돌파하기 위해 도전하는 힘이 되어준다.

특히 구글에서는 지금까지와 조금 다른 접근 방식이나 다른 각도의 분석을 관리자들도 동료들도 기꺼이 반긴다. 완전히 기업의 문화가 되어 있다고 해도 과언이 아니다. 직무가 완전히 구분되어 있는 회사임에도 부서의 벽을 넘어 이동하는 사람이 적지 않은 것 또한 그런 문화의 영향이다.

내가 인사팀에 있을 때도 신선한 발상이 필요하다는 관리자들의 의견에 따라 인사 경험이 전혀 없는 사람이 채용 팀으로 이동한 적이 있다. 기존 팀 동료들도 물론 새로운 멤버의 아이디어를 색다른 시선이라며 긍정적으로 받아들였다.

구글에서는 '현재에 대한 도전'과 '개성의 발휘'라는 두 가지 사상이 사이좋게 어울려 작용하고 있다. 그렇기에 늘 새로운 아이디어들이 유연하게 조화를 이루어 매일 새로운 해결책이 탄생하는 것이 아닐까.

10배 뛰어나게 만들 방법을 고민한다

구글에는 '10X(Ten X, 10배 높은 성과를 노리는)'라는 목표 설정에 관한 신조가 있다.

새로운 목표를 세울 때 '10배 더 뛰어나게 만들려면 어떻게 하면 좋을지' 생각해야 한다는 뜻인데, 그렇다고 실제로 10배 높은 성과를 겨냥해야만 한다는 말은 아니다.

각자 자기 나름의 방법으로 눈앞의 상황을 개선하고자 하는 마음가짐이자, 행동 너머에 있는 커다란 목표라고도 할 수 있다.

인사부에서 일하던 시절을 예로 들자면, 나는 10X를 목표로 두 가지에 도전했다. 하나는 지금까지 채용한 적 없는 대학에서 인재 고용하기, 또 하나는 채용 내정자 중 입사를 취소하는 사람이 한 명도 없도록 하기.

작은 개선을 거듭하는 이유는 누구도 정답을 알 수 없는 혼돈 속에서 '흔들림 없는 정답'을 확립하기 위해서다. 그런 최종적인 목표를 바라보지 않고 그저 눈앞에 있는 일에만 눈길을 주어서는 일에 대한 의욕을 오래 유지할 수 없다.

그래서 구글에서는 마음의 여유를 가지고 즐겁게 일할 수 있는, 나아가 보람까지 맛볼 수 있는 커다란 목표를 중시한다. 그것이 바로 10X라는 사고방식이다.

단순히 숫자로 말하자면 매년 20명씩 채용하는 신입 사원을 내년에는 200명으로 늘리는 것이 10X에 걸맞은 계산이다. 실제로는 상당히 비현실적인 목표지만, 이를 달성하기 위해 어떻게 해야 할지 사고 실험을 하듯 생각하다 보면 획기적인 아이디어를 얻을 수 있다. 10X에 숨어 있는 또 다른 의도다.

작은 부분부터 차근차근 고쳐나가는 것은 물론 중요하다. 하지만 거기서 그치지 않고 무엇을 이루고 싶은지, 무얼 위해 끊임없이 개선을 거듭하는지 생각하는 10X 사고를 습관화해야 한다. 그러면 일할 의욕을 유지할 수 있고 완전히 다른 관점에서 새로운 개선점을 발견할 수도 있다.

앞에서 소개한 '지금까지 채용한 적 없는 대학에서 인재 고용하기'와 '입사 취소자를 0명으로 만들기'라는 두 가지 목표는 인사 분야에서 상식적으로 있을 수 없는 목표다.

전자에서 '지금까지 채용한 적 없는 대학'은 사실 꽤나 엉뚱한 조건인 데다 굳이 한정할 필요도 없다. 하지만 일부러 장애물을 높게 설정함으로써 지금까지와는 완전히 다른 접근법을 떠올리고 실행했다.

후자도 마찬가지로 어떤 기업이든 입사 취소자 0명이란 사실상 불가능에 가깝지만, 오히려 이를 목표로 삼아 새로운 방식에 도전할 수 있었다.

10X 같은 큰 목표는 호기심 없이는 세울 수 없다. 그뿐만 아니라 목표에서 거꾸로 거슬러 올라가며 사고하

는 통찰력도 필요하다.

반대로 말하면 10X 사고를 통해 호기심과 통찰력을 갈고닦을 수 있다는 뜻이기도 하다. 그렇기에 10X는 자기 자신이 본래 상상조차 하지 못했던 새로운 아이디어에 다다르게 해준다.

구글에 입사하기 전을 떠올려보면 나는 고작해야 2X나 3X에 그쳤던 듯하다. 변화하여 앞으로 나아가고 싶다는 마음, 자신의 개성을 마음껏 발휘하고 싶다는 마음으로 열심히 해왔지만 10X만큼 거대한 목표를 세운 적은 없었다.

그러나 구글에 입사한 뒤로 10X라는 사고방식에 크게 공감하게 되었다. 지금보다 더 잘할 수 있다고 긍정적인 각도에서 바라보는 습관이 오래전부터 있어서였는지도 모른다.

| 구글이 멈추지 않고 계속 성장하는 이유

참고 사례로 내가 구글에 몸담았던 6년간 '지금까지 채용한 적 없는 대학에서 인재 고용하기'라는 목표에 계속해서 도전하며 얻은 성과를 소개해보고자 한다.

내가 입사했을 때 구글의 신입 사원은 100% 과거에 채용한 적 있는 대학 출신들이었다. 취업 준비를 할 때 선후배 관계를 활용하거나 선배에게 영향을 받는 학생이 많기 때문이다. 결국 기존 사원이 많은 대학은 자연히 지원자가 많아지고, 저절로 합격자 수도 많아진다는 지극히 단순한 이유였다.

하지만 그런 구조가 계속 이어지면, 결국 지원자가 적은 대학에서는 자연히 채용이 점점 더 어려워진다.

게다가 대학은 도쿄, 오사카, 나고야 같은 대도시의 유명 대학들이 대부분이다. 지방은 규슈대학, 도호쿠대학 같은 이름난 명문대들 정도일까.

구글에는 '다양성과 포용D&I, diversity and inclusion'이라는 철학이 있다. 그런데 지원자들의 대학이 대부분 비슷하니 면접을 진행하는 다른 분야의 관리자들에게 지적을 받기도 했다.

"세 명 연속으로 도쿄 A대학 학생이던데, 다른 대학하고도 제대로 소통하고 있는 거 맞습니까?"

그래서 6년간 이런 점을 개선하기 위해 노력했다. 그 결과 채용한 적 없는 대학 약 열 곳에서 신입 사원을 뽑

을 수 있었고, 대도시권 이외의 채용률도 40%로 높이
는 데 성공했다.

지금까지 채용한 적 없는 대학에서 인재를 고용하
겠다는 목표에는 풍부한 다양성 이외에 다른 개인적인
의도도 숨어 있었다.

구글은 비즈니스 자체로는 브랜드의 힘이 무척 강하
지만, 사실 신입 사원 채용 분야에서 고용주로서 구글
이라는 이름이 갖는 힘은 그리 강하지 않았다.

경력 사원 채용이라면 누구나 입사하고 싶어 하지
만, 신규 졸업자 채용 시장에서는 많은 사람이 "엔지니
어만 채용하겠지", "신입 사원은 안 뽑지 않나?" 하는
오해를 안고 있었다. 요컨대 신입 사원 채용에 대한 문
이 제대로 열려 있지 않았던 것이다.

따라서 채용 이력 없는 대학에 접근함으로써 구글
도 신입 사원 채용에 적극적이라는 사실을 널리 알리
고 취업 시장에서 브랜드의 힘을 강화하고자 했다.

구글은 여타 일본 기업들에 비해 기동력이 강하고,

신입 사원과 경력 사원의 비율이 상황에 따라 크게 변화하는 회사다.

하지만 내가 몸담고 있는 동안 신입 사원을 뽑지 않은 적은 단 한 번도 없었다. 그렇기에 늘 새로운 에너지를 충전하며 앞으로 나아가야만 했다. 다시 말해 현재 상황을 새로운 각도에서 바라보고 생각해야 했던 것이다.

"사용자에게 한층 더 밝은 미래란 어떤 모습인가. 그런 미래를 만들기 위해 우리가 할 수 있는 일은 무엇인가."

이것이 구글의 모든 구성원이 가진 사고 습관이다.

눈앞에 놓인 과제를 해결하는 것은 간단하다. "어서 해치우자!"라는 한마디로 끝나버린다.

그러나 지금 수면 위로 드러나지 않은 과제를 찾아내 해결하고자 하는 것이 구글의 철학이다. 그런 마음가짐이야말로 구글이 자랑하는 경쟁력의 원천이자, 멈추지 않고 계속 성장할 수 있는 이유가 아닐까.

내 안에도 그런 마음가짐이 짙게 배어들었다.

그래서인지 비판적 사고를 하며 현재를 타파하려 하는 사람을 만나면 유난히 가슴이 설렌다.

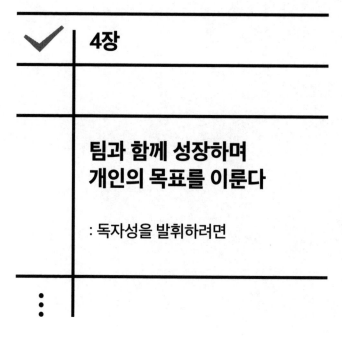

4장

팀과 함께 성장하며
개인의 목표를 이룬다

: 독자성을 발휘하려면

팀워크는 타인과의 차이를
확인하는 데서부터 출발한다

지금까지 자신의 강점을 발휘하는 것이 얼마나 중요한지 이야기했다.

다만 혼자서 하나부터 열까지 모두 해내려고 애쓸 필요는 없다. 프롤로그에서 '팀 워커'는 세계가 인정하는 인재의 조건이라고 말했듯이, 팀 안에서 자신의 능력을 발휘하기 위해 노력하는 것 또한 중요하다.

자신의 강점을 있는 힘껏 발휘하더라도 이 세상에 혼자서 완벽하게 해낼 수 있는 일이란 그리 많지 않다.

팀 스포츠나 단체 활동을 경험해본 사람이나 어떤 일에서 무력감과 좌절감을 맛본 사람은 이러쿵저러쿵 설명하지 않아도 이미 알고 있을 것이다.

따라서 4장에서는 팀과 함께 성장하며 개인의 목표를 이루기 위한 비결을 알아보고자 한다.

| 자신감이 없기에 할 수 있는 일도 있다

사람은 누구나 잘 못하는 일이 있고, 자기보다 더 잘하는 사람도 얼마든지 있기 마련이다. 마찬가지로 다른 사람보다 내가 훨씬 잘하는 일도 있다.

그런 '타인과의 차이'를 깊이 느끼는 것이 팀워크의 출발점이다.

잠시 2장에서 살펴본 "다른 사람과의 차이를 통해 나를 알기"에 관한 이야기를 떠올려보자.

다른 사람의 개성에 관심을 기울이고 상대방의 입장에서 생각하는 습관이 있는 사람은 처음 참가한 팀에도 쉽게 녹아든다.

물론 처음부터 모두 잘 되리라는 법은 없고 실패는 누구나 겪는 일이다. 그러니 일찍이 경험할 수 있는 만큼 많이 경험해둘수록 이득인 셈이다.

규모가 크든 작든 팀에서 어떤 일을 할 기회가 있을

때마다 적극적으로 뛰어들자. 실패로 끝나든 성공을 거두든 팀워크를 한 번이라도 더 많이 맛보고 경험을 축적하는 것이 중요하기 때문이다.

그렇게 성과를 목표로 한 팀으로서 활동하며 역동성을 맛보았다면, 이번에는 '왜 일이 잘 굴러갔는지' 그리고 '왜 일에 문제가 생겼는지'도 생각해보자. 자신의 또 다른 능력을 발견할 좋은 기회가 되고, 스스로의 발전에 도움이 되는 좋은 경험담도 된다.

중요한 것은 '자신의 강점'이 명확해진 이후에 팀에 참가하는 것이 아니라, 팀에 참가한 다음 '자신의 강점'을 명확하게 알아가고자 하는 자세다.

프롤로그에서부터 자신의 강점이 얼마나 중요한지 강조해왔지만, 자신의 능력에 자신감을 갖지 못해도 전혀 문제가 되지 않는다.

오히려 자신의 강점에 자신이 없는 사람일수록 팀워크에 적합하다 말할 수 있을 정도이니 걱정할 필요는 없다. 자신감은 다른 사람의 피드백도 참고하면서 팀워크를 통해 차근차근 쌓아나가면 된다.

나도 처음에는 자신감이 부족한 사람이었다.

좀 더 정확히 말하자면, 나 혼자서는 아무것도 할 수 없으니 사람들의 힘을 빌려야 한다고 생각했다.

오히려 그런 면이 있었기에 팀워크 정신을 갈고닦을 수 있었다. 그리고 팀 안에서 여러 사람의 도움을 받으면서 자신도 보답하기 위해 계속 노력하다 보니 어느새 내가 할 줄 아는 일도 훨씬 많아졌다.

내 경우에는 사람들 앞에 나서서 말할 기회가 몇 번 있었는데, 여러 번 경험하다 보니 내가 사람들 앞에서 말하는 데 소질이 있을지도 모른다고 깨달았다. 그래서 고등학교 이후에는 팀에서 발표자나 대표를 정할 때 항상 솔선해서 손을 들기로 했다.

그런 경험을 반복하면서 사람들 앞에서 조리 있게 발언하는 것이 나의 장점이라고 자신감 있게 말할 수 있게 되었다.

'나도 주변 사람들을 도와주고 싶다', '팀에 뭔가 공헌하고 싶다'는 마음으로 그때그때 할 수 있는 일부터 닥치는 대로 실행한 결과, 점점 자신의 능력이 뚜렷하게 드러나 조금씩 자신감을 가질 수 있게 된 것이다.

나 자신만을 위한 노력보다는 팀을 위한 노력이 더 오래 지속되며 성장 속도 또한 빠르다. 과거 경험을 통해 그렇게 실감했다.

누군가의 힘이 절실했던
경험 자체가 재산이 된다

팀을 하나로 만드는 방법을 논할 때면 아주 다양한 이야기가 나온다. 공통된 목표를 설정하자, 미션·비전·밸류mission·vision·value를 만들어라, 상사와 일대일로 대화하는 원 온 원1 on 1을 실천하라 등등. 하지만 모두 어디까지나 방법론에 지나지 않는다.

팀워크를 위해서는 그보다 먼저 팀 안의 사람들이 동료라는 관계를 뛰어넘어 상대를 하나의 인간으로서 이해하고 깊이 헤아리며, 어떤 관점에서 서로를 존중할 줄 알아야 한다. 말하자면 동료가 존재한다는 사실 자체에 감사할 수 있는 상황을 만들어야 한다는 것이다.

내가 먼저 동료에게 손을 내밀면 반드시 자신에게도 돌아온다. 거기에서부터 서로에 대한 감사와 존경이 자라나기 시작한다. 그러면 자연히 팀의 결속력이 강해지고, 더욱 풍부한 문제 해결 방법과 아이디어가 나온다. 개인으로서도 팀으로서도 업무 능력이 쑥쑥 높아진다. 그런 긍정적인 나선형 사이클을 만드는 것이 이상적인 팀워크다.

구글에서 일할 때는 내게 뭔가 문제가 생기면 틀림없이 다른 동료가 손을 내밀어줄 것이라는 믿음이 마음 한구석에 있었다.

실제로도 동료에게 도움을 받은 적이 많았고, 때로는 그 사람에게 어떻게 그렇게 행동할 수 있느냐고 묻기도 했다. 그러면 사람들은 대부분 이렇게 대답했다.

"나도 다른 사람들에게 도움을 받은 적이 있으니까."

예전에 감사하게도 도움을 받았으니 이번에는 자신이 거들겠다는 직접적인 기브 앤 테이크뿐만 아니라, '다른 사람에게 도움 받았던 소중한 기억 때문에' 다른 이에게 손을 내미는 사람도 있다. 따뜻한 마음 하나가

간접적으로도 사람들에게 영향을 줄 수 있다는 사실을 실감했다. 구글에서 얻은 귀중한 경험 중 하나다.

다른 사람의 도움을 얻고 싶다면 누군가의 손길을 바라기 전에 내가 먼저 손을 내밀어야 한다. 그렇게 함으로써 서로 돕고 돕는 사이클을 만들 수 있다.

피드백과 관련해서 기브give가 중요하다고 말했던 것과 마찬가지로, 먼저 손을 내미는 정신이 필요하다. 하지만 나도 처음부터 다른 사람을 돕는 자세가 익숙했던 것은 아니다.

| 사실 나는 이미 받은 것이 있었다

내가 주변 사람들에게 무엇을 받았는지 깨닫고 감사하게 해준 경험은 생각보다 일찍 찾아왔다. 내가 고등학교에 올라가기도 전이었다. 이 경험이 팀워크에 대한 생각을 완전히 바꿔버렸다.

계기는 스포츠였다. 다만 많은 사람이 상상하는 팀 스포츠가 아니라 개인 경기인 알파인 스키다. 스키는 내가 가장 오랫동안 열중했던 스포츠였고, 여러 대회에서 그런대로 좋은 성적을 내며 열심히 선수 생활을 해왔다.

스키 경기는 막상 스타트를 끊으면 1분 가까이 혼자서 눈 위를 미끄러져 내려가며 골을 목표로 달려야 한다. 그렇다고 눈 깜짝할 사이에 끝난다 싶을 만큼 짧지는 않기 때문에 이것저것 궁리하며 타야 한다. 그래서인지 때로는 몹시 고독하게 느껴질 때가 있었다.

경주에서 의지할 수 있는 존재는 나 자신뿐, 모두 혼자서 해내야 한다. 실전이 그런 형태이다 보니 평소 연습도 혼자서 판단하고 혼자서 만족하는 경향이 있었다.

기록이 좀처럼 나아지지 않아 슬럼프에 빠질 뻔했던 시기에는 혼자 이런 고민에 빠지기도 했다.

'저런 눈 쌓인 비탈에서 미끄러지는 게 뭐가 재밌을까.'

그러던 중 문득 주변에 있는 사람들의 존재를 새삼 인식하게 되었다. 매일 연습을 갈 때마다 스키장까지 데려다주는 가족, 한 번 스키를 타고 내려올 때마다 밑에서 지켜보다가 어떤 점이 좋았고 어떤 점을 고쳐야 하는지 조언해주는 코치 선생님.

그때 비로소 내가 주변 사람들에게 당연한 듯 많은

것을 받아왔음을 깨달았다.

그 전까지만 해도 나는 경기에서 자신을 지켜봐주는 사람들과 함께 싸운다는 자각이 전혀 없었다. 그런데 주위 사람들이 나를 지지하고 있다는 사실을 피부로 느끼고 난 뒤 제멋대로 연습하던 자신의 태도를 반성하게 되었다. 그러자 경기 중에 느껴지던 고독감도 어느새 씻은 듯 사라졌다.

나 또한 주위 사람들에게 무언가를 해주어야겠다고 생각하게 된 것은 바로 그때부터였다.

이후 학교에서도 회사에서도 생각지 못한 곳에서 많은 일이 일어난다는 생각으로 눈을 크게 뜨고 사람들에게 관심을 기울이게 되었다. 이를테면 아무도 알아채지 못한 누군가의 공을 적극적으로 포착해서 사람들에게 공유하는 것이다.

"이번 프레젠테이션이 성공을 거둔 건 뒤에서 ○○ 씨가 ○○을 준비해준 덕분이에요."

만약 내가 다른 팀 스포츠를 했다면, 반대로 팀에 관

한 의식이 얄팍해졌을지도 모른다. 개인 경기였기에 오히려 다른 사람의 배려와 도움을 깨닫고 감사하는 마음이 얼마나 중요한지 느낄 수 있었던 것이 아닐까.

｜ 작은 배려가 행운을 불러온다

반대로 내가 먼저 작은 배려를 함으로써 커다란 배려를 돌려받은 적이 있다. 대학 시절 졸업 논문을 쓰던 때 있었던 일이다.

졸업 논문은 여러 명이 그룹으로 연구해서 쓰는 경우도 있지만, 대부분은 개인이 혼자 주제를 고르고 조사해서 집필한다. 나 또한 개인 논문을 선택해서 줄곧 고독한 작업에 몰두하고 있었다. 그러던 중 나처럼 외롭게 논문을 쓰던 친구와 대화하다가 어떤 아이디어가 하나 떠올랐다. 주제는 전혀 다르더라도 혼자 논문을 쓰는 사람들끼리 모여서 함께 작업해보면 어떨까?

나는 바로 팔을 걷어붙이고 나섰다.

물론 나를 위해서이기도 했지만, 조금이나마 '다른 사람들에게' 도움이 되었으면 하는 마음이 컸다. 그래서 굳이 의견을 나눌 필요가 없음에도 불구하고 실제로 도서관 한구석을 빌려 모임 장소를 마련했다.

그저 그 자리를 즐기기만 해도 좋고 졸업 논문에 대한 새로운 힌트를 얻어 가도 좋으니, 어쩌면 모두에게 좋은 자극이 될지도 모른다고 생각했다.

내 졸업 논문 주제는 이슬람권 금융의 구조와 원리였는데, 당시 나는 금융에 관한 책을 읽느라 바빴다. 그런데 정작 알고 보니 이슬람권 금융은 금융 시스템보다도 종교와 더 밀접한 관련이 있는 게 아닌가. 하지만 문화인류학에 대한 공부가 부족해 모르는 부분이 많았다.

그런데 정말 운 좋게도 졸업 논문 모임에 이슬람권 문화를 연구하는 사람이 있어서 실질적으로 도움이 되는 의견을 많이 얻을 수 있었다. 그 덕에 졸업 논문의 완성도가 몰라보게 높아졌다.

물론 늘 그런 세렌디피티serendipity, 우연한 행운을 만날 수 있는 것은 아니다. 하지만 이 경험은 내게 '작은 배려가 행운을 불러온다'고 믿게 해준 따뜻한 추억이 되었다.

리더 경험은 팀 워커가 되기 위한
중요한 훈련 과정

"팀으로 활동해본 경험이 있습니까?"

면접에서 자주 나오는 일반적인 질문이다. 모든 기업은 조직의 형태로 움직이므로 지원자가 '다른 사람과 원활하게 공동 작업을 할 줄 아는지' 궁금해한다.

프롤로그에서 잠시 언급했듯이 나는 대학 시절에 기숙사장으로 일한 경험이 있어서 면접에서 팀워크에 대해 질문을 받을 때마다 기숙사에 얽힌 일화를 들어 대답했다.

당시 기숙사는 학생이 자치적으로 운영하는 시스템이었기 때문에 일상생활과 관련된 복잡하고도 개인적인 문제들을 수없이 처리해야 했다. 그때 겪은 다양한 일화들을 통해 팀을 이끄는 리더로서 활동한 경험이 있다고 어필하고자 한 것이다.

| '리더'가 곧 '팀 워커'인 것은 아니다

그런데 지금 떠올려보니 당시에는 실패한 경험이라고 판단해서 면접에서 언급조차 하지 않았던 일들도 사실은 무척 많은 깨달음을 주었다는 생각이 든다.

나는 깨끗하게 정리하기를 좋아해서 내 방은 늘 단정하게 정돈되어 있었지만, 반대로 어지르는 사람도 있으니 기숙사 전체는 그다지 깔끔하다고 할 수 없는 환경이었다. 내게는 그 점이 늘 스트레스였다. 그래서 기숙사장이 된 후 일종의 의식 개혁을 실시하자고 마음먹었다.

내가 가장 먼저 한 일은 규칙을 명확하게 만드는 작업이었다. 단순히 규칙을 설정하고 학생들에게 이행하게 하면 된다고 생각했기 때문이다. 그런데 실제로 해보니 생각처럼 쉽지 않았다. 같은 학생 활동이라 해도 수업 과제를 해결하기 위해 만든 팀에서는 각자 어떤 부분을 맡을지 정도만 논의해서 결정하면 어떻게든 일이 진행된다. 이해관계가 서로 일치하기 때문이다.

하지만 기숙사는 개개인의 생활 그 자체가 모인 집합체나 다름없다. 이해관계도 뚜렷하지 않은 데다, 느긋하게 생활하고 싶은 사람이 있는가 하면 규칙적으로 생활하고 싶은 사람도 있고, 개인차가 너무 커서 서로를 잘 이해하지 못했다.

결국 기숙사장이 정한 규칙을 따라주는 사람도 있지만, 따르지 않는 사람도 있어서 기숙사 환경은 계속 더러울 뿐 변하지 않았다.

지금 떠올려보니 나는 팀워크를 제대로 이해하지 못하고 있었다.

기숙사뿐만 아니라 팀을 구성하는 사람들은 한 사람 한 사람 각기 다른 강점과 약점, 좋아하는 것과 싫어하는 것 등 다양한 생각을 안고 있다. 그것들을 모두 헤아릴 줄 알아야 비로소 팀워크를 발휘할 수 있다.

하지만 당시 나는 사람마다 강한 개성이 있고 각자

다른 생각을 한다는 사실에는 생각이 미치지 않았다.

더구나 팀워크에는 공통된 목표가 필요하건만 목표조차 모호했다. 물론 "기숙사를 깨끗하게 만들자!"라는 목표는 내세웠으나 모두의 공감을 얻었다고는 할 수 없었다.

언뜻 보기에 모두를 위한 목표처럼 보이지만, 사실은 나 자신의 바람을 밀어붙인 것에 지나지 않았다.

그 점을 모두가 꿰뚫어 본 것이 아니었을까.

각자가 지닌 생각을 무시하고 모두의 행동을 규칙으로 옭아매려 한 나는 대단히 오만한 리더였다. 되돌아보니 이때의 경험은 팀 워커로 거듭나기 위한 중요한 훈련 과정이었던 듯하다.

'리더'가 곧 '팀 워커'인 것은 아니라는 사실. 리더이기 이전에 팀 워커가 되려면 자기 생각에 갇히지 않는 자세가 반드시 필요하다는 사실.

나는 경험을 통해 중요한 사실들을 배웠다.

| 팀의 힘을 최대로 키우기 위해 반드시 필요한 자세

자기 생각에 갇히지 않는 자세가 필요한 것은 리더뿐만이 아니다. 팀을 이루는 구성원도 그런 자세가 있어야만 서로의 노력과 성과, 의도 등을 파악하고 팀의 힘을 최대한으로 발휘할 수 있기 때문이다.

예를 들어 평소 팀에서 말을 거의 하지 않는 사람이 갑자기 손을 들고 의견을 내세운다면 뭔가 특별한 이유가 있을지도 모른다. 그럴 때는 그 사람에게 다가가 왜 갑자기 그런 발언을 했는지, 어떤 이유로 그런 행동을 했는지 들여다보아야 하지 않을까. 이처럼 다른 구성원의 의견에 관심을 기울이는 자세가 중요하다.

다른 예로, 팀 회의에서 발표하는 역할, 자료를 정리하는 역할, 회의를 진행하는 역할을 정할 때 늘 자료 정리에 자원하는 사람이 있다고 가정해보자.

그럴 때 아무 생각 없이 자료 정리를 부탁하지 않고 "왜 자료 정리를 맡고 싶은가요?"라고 물어보자. 그러면 그 사람의 의도를 알 수 있다. 단순히 자료 만들기를 좋아해서인지, 아니면 사람들 앞에 서기를 좋아하지 않아서인지.

자기주장을 어려워하는 사람의 의견을 헤아리려 노력하면, 그 사람의 숨은 노력과 성과도 더 잘 포착할 수 있게 된다. 아무리 능력이 뛰어난 사람들이 모여도 각자가 자기 생각에만 취해서 행동하면 팀은 머지않아 산산조각이 나고 만다.

구글 같은 세계적 기업이 인재를 볼 때 개성적이고 독창적인지보다도 팀 워커인지를 눈여겨보는 이유다.

리더가 아니어도 리더십은 기를 수 있다

앞서 리더로 일한 경험을 통해 팀워크를 배웠다고 이야기했는데, 리더라는 자리에 앉으면 그 밖에도 귀중한 경험을 많이 쌓을 수 있다. 자신이 잘할 수 있을지 걱정이 될 수도 있지만, 기회가 된다면 꼭 해보자.

팀을 이끄는 입장이 되어서야 비로소 얻을 수 있는 새로운 시야와 사고방식이 분명 존재하기 때문이다. 그러나 반드시 리더가 되어보아야만 알 수 있다는 뜻은 아니다.

팀워크를 좌우하는 요소 중에는 리더십과 팔로워십이 있다. 프롤로그에서 다루었듯이 팀이 목표를 향해 앞으로 나아가려면 리더의 지도와 멤버의 뒷받침 모두가 필요하다. 그럼에도 리더란 어떠해야 한다는 이야기는 넘쳐 나지만, 멤버가 어떠해야 한다는 이야기는 그리 많지 않다.

"저는 리더가 되어본 적이 없어서 팀워크에 대해 무슨 말을 하면 좋을지 모르겠어요."

하지만 그런 사람일수록 '뛰어난 팔로워십'이라는 강점을 지닌 경우가 많다.

| 리더십과 팔로워십은 동전의 양면

팔로워십은 자칫하면 '리더의 뒤를 따라간다'는 이미지로 받아들이기 쉽지만, 본래 구성원에게 필요한 팔로워십이란 '팀의 움직임을 가속하는 역할'이다.

그런 의미에서 리더십과 팔로워십은 동전의 양면과 같다고 말할 수 있다.

팀워크와 관련된 또 다른 경험담으로 대학 시절 소속했던 소프트볼부에 대해 이야기해보려 한다.

나는 그 전까지 소프트볼을 해본 경험이 없어 실력

이 미숙했기에 줄곧 일반 부원에 머물러야 했다. 하지만 팀 성적에는 기여하지 못하더라도 팀을 위해 무언가 하고 싶었다.

그래서 고민 끝에 늘 활기차게 인사하기, 연습 중 열심히 기합 넣기, 모두가 연습에 즐거운 마음으로 참가할 수 있도록 밝은 분위기 조성하기 등 부원들이 밝은 에너지를 유지할 수 있도록 관심을 기울였다.

아무리 주장이 다음 시합에 꼭 이기자고 사기를 북돋우고 연습량을 늘리려 해도 정작 부원들에게 열심히 하려는 마음이 없으면 팀의 실력은 쉽게 향상되지 않는다. 그럴 때일수록 밝고 즐거운 분위기가 필요하다는 생각이 들어 분위기 조성에 힘쓴 것이다.

엄격하게 사람들을 이끄는 리더와 즐겁게 연습에 임하는 팔로워. 양쪽 모두 다음 시합의 승리라는 목표를 이루기 위해 보인 모습이다.

동전의 양면과 같은 리더십과 팔로워십의 관계성을 아주 뚜렷하게 보여주는 사례다.

단, 리더의 자리에 있는 것과 리더십을 발휘하는 것

은 완전히 다른 뜻이다. 여기서 말하는 리더십이란 팀의 성과에 책임감을 가지고 '팀 안에서 자신의 능력과 다른 사람의 능력을 어떻게 빛낼 것인지' 스스로 고민하고 적극적으로 이바지하려는 자세를 말한다.

리더십에 직함은 필요치 않다.

적극적으로 팀에 참여해 기여하려고만 한다면, 직함이 무엇이든 경험을 통해 마치 리더처럼 리더십을 기를 수 있다.

리더라는 이름이 있어야만 가능한 일을 꼽자면 '결단'이 전부이지 않을까. 구성원은 팀 전체를 움직이는 최종 결정권자가 되지는 못한다.

예컨대 팀의 올해 목표를 정하기 위해 회의를 할 때는 구성원들이 여러 아이디어를 내놓으며 논의를 하고 리더가 마지막에 결론을 내린다. 이렇게 민주적인 방식으로 결정한 팀의 목표를 향해 선두에 서서 달리는 것이 진정한 리더다.

하지만 리더가 아니라 하더라도 팀을 위해 팔로워십을 발휘하다 보면 언젠가 틀림없이 리더의 자리가 눈앞에 나타난다. 목표를 향한 팀의 추진력이 되는 사람은 팀에서도 매우 귀중한 존재이므로 중요한 자리에 오르는 것은 자연의 섭리와 같다.

그런 면에서는 팔로워십도 리더십의 일종으로 볼 수 있을지도 모른다.

팀에 기여하고자 묵묵히 노력을 거듭하다 보면 자기 자신도 성장할뿐더러 주변 사람들의 인정 또한 얻을 수 있다. 그러므로 팔로워로서 팀을 위하는 행동은 리더십과 직결된다.

구글은 '엑스트라 마일'을 높이 평가한다

구글에서는 '엑스트라 마일extra mile'이 높은 평가를 받는다. 엑스트라는 '여분'이나 '나머지' 또는 '추가'라는 뜻이며, 마일은 거리 단위다.

말하자면 다른 누군가를 위해서 또는 회사의 목표를 위해서 본인이 하지 않아도 되는 부분까지 한 걸음 더 내디뎌 지원하는 것을 장려하는 문화다.

그래서 구글에는 개성이 매우 강한 사람들이 모여 있음에도 불구하고 각자 자기 일만 하고 끝이라고 여기지 않는다. 다양한 방면에서 서로에게 힘을 보탠다.

엑스트라 마일은 앞서 이야기한 팔로워십과도 가깝

고, 지금껏 거듭 강조해온 '기브give의 정신'과도 일맥상통한다.

결국 핵심은 팀과 동료를 위해 자신의 능력을 이용해 어디까지 한 걸음, 두 걸음 더 나아갈 수 있을지 생각하고 행동하는 데 있다.

그런데 팀에서 한 사람만 이런 엑스트라 마일을 실천한다면, 그 사람의 부담이 몹시 커져서 끝내 소모되어 지쳐버릴 수밖에 없다.

구성원 모두가 엑스트라 마일의 마인드, 먼저 다른 사람을 위해 행동하려는 마음가짐을 가져야 팀이 이상적인 형태에 가까워질뿐더러 팀워크도 발휘할 수 있다. 그런 팀의 일원이 되면 일하는 보람도 훨씬 커진다.

회사에서뿐만 아니라 학교에서부터 다른 사람을 위해 솔선하는 자세를 습관화하자.

| 다양성으로부터 새로운 가치를 창출하려면

구글에서 일하는 사람들은 각기 다른 능력을 지닌 전문가임과 동시에 팀 워커다. 그런 인재들이 모여 자신만의 강점을 조화롭게 발휘하며 호흡하고 있기에 시대의 요구에 부응하는 혁신적인 해법을 내놓을 수 있다. 다양성을 갖춘 인재들은 구글이 세계에서 활약하는 데 있어 아주 중요한 요소다.

구글 지도Google Maps를 예로 들어보자. 구글 지도의 아이디어 자체는 매우 혁신적이었지만, 개발 초기에는 전 세계 모든 사람이 원활하게 사용할 수 있는 상태는 아니었다.

미국 캘리포니아주의 주요 도로는 편도 6차선 정도로 대단히 넓다. 이렇게 넓은 도로를 전제로 설계한 탓에 초기 구글 지도는 일반 차량으로는 지나갈 수 없는 좁은 도로에 대해 제대로 대응하지 못했다.

그 결과 일본에서는 자전거만 겨우 지나갈 만한 길로 차를 안내하는 사고가 자주 발생했다. 구글은 다양한 문제들이 발생하고 나서야 비로소 도로의 너비가 모두 다르다는 점을 새삼 깨달았다.

아마 구글 지도를 만든 초기 개발 팀에는 일본 출신 멤버가 없었던 것이 아닐까.

구글 지도 개발 당시 겪은 시행착오는 '세계를 무대

로 비즈니스를 성공시키려면 팀에 다양한 사람이 있어야 한다'는 교훈을 안겨주었다.

아무리 뛰어난 물건과 서비스를 만들어도 특정 사람들의 상식만을 기준으로 한다면, 세계에서 널리 쓰일 수 없고 혁신적인 해법이라고도 말할 수 없다.

구글과 같이 다양성 풍부한 환경에서 원활한 팀워크를 가능하게 하는 것이 다름 아닌 엑스트라 마일의 정신이다.

구글에서는 누구든 자기 일이 끝나면 자연스럽게 "뭐 도와줄 일 있어요?" 하고 묻는다.

팀 안에서 자신의 능력과 강점을 충분히 발휘하면 저절로 시간의 여유는 물론 마음의 여유도 생긴다. 그것이 엑스트라 마일을 실행할 수 있는 이유라고도 말할 수 있지만, 무엇보다 서로 어떤 분야에 자신이 있고 어떤 일을 잘하는지 잘 파악하고 있기에 쉽게 도움을 구할 수 있는 것이다.

그만큼 동료의 손길은 큰 도움이 되고 일의 완성도도 훨씬 높아진다. 나 또한 여러 번 동료를 도왔고 도움도 많이 받았다. 그런 일이 당연하게 여겨지는 환경이었다.

　이러한 팀워크의 존재가 구글이 조직으로서 강력한 힘을 발휘하는 바탕이 되지 않았을까?

팀 안에서 부대끼는 경험이
개성을 한층 더 강화한다

4장을 마무리하며 팀 워커, 다시 말해 '개인'과 '팀워크'를 양립할 줄 아는 사람이 되는 것이 자신에게 어떤 면에서 이로운지 짚어보고자 한다.

팀 안에서 이리저리 부대끼는 경험이 개성을 한층 더 단단하고 강하게 만들어준다는 점이 바로 그것이다. 무엇보다 팀 워커가 되면 동료들에게 피드백을 쉽게 얻을 수 있다.

피드백의 중요성은 1장에서 자세히 이야기했는데, 동료들과의 끈끈한 협력 관계 속에서 능력을 갈고닦아야 자신의 강점을 한결 쉽게 연마할 수 있다.

또한 솔선하여 다른 사람을 위해 행동하는 '기브의 정신'을 발휘할 때는 자신의 강점을 최대한 살릴 수 있는 방법을 찾자.

강점을 많이 발휘하면 발휘할수록 팀에 쉽게 기여할 수 있고 좋은 평가도 얻을 수 있으며, 자신의 힘을 드러낼 무대가 늘어나므로 개성을 더욱 단단하게 만들 수 있다.

때로는 다른 동료들과 경쟁하다 이런저런 생각에 빠진 나머지 '나는 팀에 아무런 도움도 안 되는구나….' 하고 낙심하거나 '나는 과연 팀에 도움이 되는 존재일까?' 고민하게 될지도 모른다. 그러나 이런 마음속 갈등도 팀 안에서만 만날 수 있다.

그럴 때일수록 '팀에 대한 기여'를 중시하는 팀 워커의 관점으로 되돌아가 주변 사람들의 피드백을 바탕으로 오직 나만 할 수 있는 일이 무엇인지 탐색해보자.

팀을 위해 움직임으로써 마음속에 드리운 먹구름을 걷어내면, 그 노력은 팀의 성과라는 형태로 결실을 맺는다. 자연히 자신의 노력에 대한 높은 평가와 동료들의 인정과 감사도 뒤따라온다.

이렇게 남달리 뛰어난 부분을 더욱 갈고닦는 데 매진하다 보면 언젠가는 '강한 자신'으로 거듭난다. 그리고 지금껏 나의 강점을 살려 어떤 일을 이루었는지 당당하게 말할 수 있게 된다.

그러면 이직이나 부서 이동을 통해 자신이 원하는 팀에 들어가서 적극적으로 커리어를 만들어나갈 수 있을 것이다.

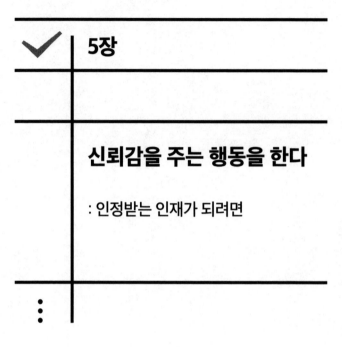

5장

신뢰감을 주는 행동을 한다

: 인정받는 인재가 되려면

윤리관은 일하는 모습에서 드러난다

　'옳은 행동을 할 줄 아는가' 또한 구글이 중시하는 인재의 요소 중 하나다. 달리 말하면 '윤리관이 있는 사람'이라 할 수 있다.

　윤리관倫理觀이라고 해서 그렇게 거창한 이야기는 아니다. 여기서 말하는 윤리관이란 한마디로 '자신을 다스린다'는 뜻이다.

　이를테면 업무 수행 능력을 유지하기 위해 늘 자신의 건강을 돌보는 것도 회사를 배려하는 윤리적 행동이라 할 수 있다. 맡은 일에 책임감을 가지고 끝까지 완수하는 성실함 또한 이와 같다.

윤리적 행동이란 말하자면 자신을 둘러싼 인간관계 속에서 항상 신뢰할 만한 행동을 취하는 것이라 설명할 수 있다.

구글에 몸담고 있을 때 팀 리더들에게 이런 질문을 한 적이 있다.

"팀을 꾸릴 때 가장 필요한 사람은 어떤 사람일까요?"

리더들이 입을 모아 가장 먼저 한 말이 바로 '윤리관이 있는 사람'이었다.

남다른 기술이 있는 사람, 머리가 비상한 사람, 영어가 능숙한 사람은 얼마든지 있다. 하지만 그런 능력보다도 결국 '인간성 그 자체를 신뢰할 수 있는지'가 가장 중요하다는 것이다.

설령 자신이 내건 목표를 달성하는 데 다소 문제가 생긴다 해도 윤리적으로 옳은 결정을 할 수 있는가. 무엇이 정말 옳은지 생각할 수 있는 사람인가.

정답이 없는 세상에서 답을 찾아야 하는 혼돈의 시

대이기에 우리에게 더할 나위 없이 중요한 문제다.

수학적인 문제는 논리적으로 올바른 순서대로 적절히 계산해나가다 보면 언젠가 한 가지 정답에 도달한다. 이런 문제는 윤리관과 그다지 관계가 없다. 그러나 정답이 정해져 있지 않은 문제를 풀 때는 지금 나온 답이 옳다고 주장하여 인정받지 않으면 문제가 완전히 해결되지 않는다. 게다가 논리를 어떻게 내세우느냐에 따라 터무니없어 보이는 내용도 "이게 바로 정답이다!"라고 주장할 수 있다. 마치 근거 없는 음모론이 퍼지듯 말이다.

혼돈의 시대는 이처럼 매우 위험한 가능성을 품고 있다.

모든 것이 불확실한 상황 속에서도 바른 윤리관을 바탕으로 어떤 것이 세상과 사람들을 위한 답인지 제대로 헤아리고 선택할 수 있는가, 그렇지 않은가.

혼돈의 시대를 살아가는 사람에게는 수학 문제를 푸는 똑똑한 두뇌보다도 올바른 윤리관이야말로 반드시 필요한 소양이다.

| 어떤 소신을 가지고 일할 것인가

책을 많이 읽고 머릿속에 지식을 잔뜩 밀어 넣는다고 해서 윤리관을 익힐 수 있는 것은 아니다. 여러 사람을 만나고 소통해야만 자신만의 윤리관을 갈고닦을 수 있다.

윤리관은 특히 그 사람이 일하는 모습에서 명확하게 드러난다. 업무를 처리하는 방식만 보아도 차이가 보인다.

"이 사람은 성과만 낼 수 있으면 뭐든 좋다고 밀어붙이는 타입이구나."

"아, 이 사람은 신념을 바탕으로 일하는 타입이야."

구글에서 일하던 시절, 구글 재팬의 구내식당에는 특히 눈에 띄는 직원이 한 명 있었다. 몹시 인상적이어서 지금도 또렷이 기억한다.

그는 식당에서 점심, 저녁 메뉴를 진열하거나 식기를 정리하는 일을 하는 직원이었다. 특히 점심시간이면 사원들이 몰려들어 매우 북적이는데, 그는 늘 "오늘은 컨디션 좀 어때요?", "머리 잘랐네요!" 하고 밝게 말을 걸곤 했다. 식사를 마친 사람들에게 식기를 받을 때는 빼놓지 않고 인사를 건넸다.

"고마워요. Have a nice day!"

항상 밝고 활기차게 일하는 그의 모습에서는 식당에 온 사람들이 조금이라도 기운을 얻고 일터로 돌아갈 수 있도록 노력하는 서비스 정신이 느껴졌다.

구글 직원들 중 그를 모르는 사람은 단 한 명도 없었다. 나도 그를 무척 좋아했는데, 그가 일하는 모습을 보면 이른바 '프로 정신' 같은 것이 느껴지곤 했다.

어쩌면 여러분 주변에도 일하는 내내 밝은 에너지를 뿜는 사람이 있을지도 모른다. 사람들이 일하는 모습에 관심을 기울여보자. 혹은 오래 일한 선배들을 만나 이야기를 들어보는 것도 도움이 된다.

이렇게 사람들이 일하는 모습을 보고 들으면서 자신은 어떤 방식으로 일하고 싶은지, 어떤 신념과 소신을 가지고 일하고 싶은지 조금씩 생각을 키워보자.

같은 일이라도 하는 사람이 어떻게 받아들이고 어떤 방식으로 임하느냐에 따라 완전히 다른 모습이 된다. 따라서 일과 관련해 선배들에게 조언을 구할 때는 업무 내용뿐만 아니라 '일할 때 중요하게 여기는 부분'이 있는지도 꼭 물어보자.

틀림없이 자기 나름의 업무 방식을 고민할 때 도움이 될 큰 힌트를 얻을 수 있다.

무엇이 왜 중요한지 말할 수 있는 힘을 기르자

회사는 직원의 윤리관을 어떻게 확인할까? 물론 직접적으로 "당신은 어떤 윤리관을 가지고 일을 하나요?"라고 묻지는 않는다. 윤리관에 관해 물을 때는 "규칙을 조금 어겨서 어려운 일을 해결할 수 있다면, 당신은 어떻게 행동할 건가요?" 같은 방식으로 질문한다. 그 밖에 예를 들자면 이런 질문도 가능하다.

"팀을 위한 일과 자신을 위한 일 사이에서 균형을 잡기 위해 고민한 적이 있습니까?"

"조직을 위해 어쩔 수 없이 희생해야 했던 경험이 있나요?"

"팀을 제쳐두고 자기 이익을 앞세워본 적은요?"

"아무것도 정해지지 않은 상태에서 자기 힘으로 일을 진행해본 적이 있습니까?"

'팀을 우선시했으니 O, 자신을 우선시했으니 X'처럼 정해진 답이 있는 것은 아니다.

그 사람의 사고방식이나 행동에서 '스스로 생각하고 판단하려는 마음, 약속을 지키려는 자세, 감정에 휘둘리지 않는 의사 결정' 같은 요소를 포착하고 평가한다.

하지만 올바른 답이 없다고 해서 자기가 감정적으로 옳다고 생각하는 대로 말하면 된다는 뜻은 아니다. 그때 무엇이 중요하다고 판단했는지 객관적인 이유를 들어 설명할 줄 아는 담담함이 무엇보다 중요하다.

예를 들어 '아무것도 정해지지 않은 상태에서 자기 힘으로 일을 진행한 경험'에 대해서도 물을 수 있다. 이 질문은 그 사람이 어떻게 일을 정리하고 구성해서 어떤 우선순위에 따라 진행했는지 알아보기 위함이다. 답을 들어보면 그 사람이 무엇을 중시하는지 명확하게 드러난다.

신입사원 채용 시에는 동아리 활동으로 팀 스포츠를 해본 학생에게 이렇게 묻기도 한다.

　"팀의 경기 성적이 좋지 않을 때 어떤 생각을 하고 어떤 행동을 했나요?"

　이 질문에 대한 답에서는 팀 전체가 좌절한 상황에서도 낙심하지 않고 팀을 위해 할 수 있는 일을 생각하고 실천했는지, 그런 강인한 마음을 지녔는지 들여다볼 수 있다.

　자기 속도가 조금 느려지더라도 팀의 구성원들을 살필 줄 아느냐 그렇지 않느냐는 중요한 평가 포인트다.

　"개인 목표는 거의 달성했다고 판단해서 팀에서 유독 진행이 더딘 동료를 돕기로 했습니다. 동료가 성과를 올릴 수 있도록 정보를 공유해서 팀 전체의 목표 달성에 기여할 수 있었습니다."

　지원자의 답변을 듣고 면접관은 어떤 생각을 할까?

　'이 사람은 상황을 정확히 인지하는 능력이 있을뿐더러 여력을 활용해 팀 전체의 발전을 뒷받침할 줄 아는 팀 워커다. 넓은 시야로 올바른 의사 결정을 하는 인재군.'

다만 그렇다고 해서 자기 자신을 우선시하면 안 된다는 말은 아니다.

그럴 때도 질문한 사람이 이해할 수 있도록 어떠한 이유에서 자신의 목표를 앞세워야 팀에 더 큰 이익이 되리라 판단했다고 객관적으로 설명하면 높은 평가를 받을 수 있다.

▎직장 생활에 모범 답안은 없다

직장 생활을 하다 보면 지금까지 자신이 해온 여러 가지 경험을 되돌아보게 된다. 어쩌면 그 과정이 직장 생활의 전부라고 해도 과언이 아닐지도 모른다.

과거를 되돌아볼 때는 실패든 성공이든 경험 자체를 정면으로 마주하고 솔직하게 평가할 용기가 필요하다.

"직장 생활에서 어떤 일에 가장 힘썼나요?"

채용 면접에서 빠지지 않고 나오는 질문이다.

이런 질문을 받았을 때 자신이 어떠한 생각으로 어떤 일을 했으며, 어떤 부분이 잘되었고 어떤 부분이 생각대로 되지 않았는지 솔직하게 답할 수 있도록 꼼꼼히 준비해야 한다.

내세울 만한 특별한 경험이 없다고 낙담할 필요는 없다. 자신의 과거를 정면으로 마주하고 그때 내린 결정이 나다운 선택이었는지, 그 결과 무엇을 얻었는지 제대로 설명할 줄 아는 것이 중요하다.

그리고 결과가 실패인지 성공인지와는 관계없이 세세한 내용보다는 그 경험에서 '무엇을 배웠는지'를 분명하게 어필하자.

프롤로그에서도 이미 강조했던 포인트다. 그러므로 자신의 경험을 되돌아볼 때는 올곧게 자신을 마주하며 무엇이 좋고 무엇이 나빴는지 곱씹어보아야 한다.

막상 되짚어보면 잘된 일보다 잘못된 일이 훨씬 더 많을지도 모른다. 그래도 포기하지 않고 도망치지 않고 끝까지 해냈다면, 틀림없이 거기에서 무언가를 얻었을 것이다.

그런 경험을 솔직하게 들려주는 사람에게 회사는 신뢰를 느낀다. 이 사람이라면 기대와 다르다며 갑자기 회사를 그만두지는 않겠구나, 일을 맡겼을 때 중간에 내팽개치는 일도 없겠지, 문제가 있을 때는 문제가 있다고 숨김없이 말해줄 테니 남몰래 큰 실수를 하지도 않을 거야, 하고 말이다.

따라서 답 그 자체가 아니라 그 답에 도달하는 과정을 설명하고 상대방을 어떻게 설득하느냐가 핵심이다.

너무 엄격하게 들릴지도 모르지만, 결국은 자기 경험을 바탕으로 스스로 생각해서 몇 번이고 납득할 수 있는 답을 도출해내야만 이상적인(내게 맞는) 직장 생활을 손에 넣을 수 있다. 이 또한 틀림없는 현실이다.

✓ 에필로그

어디에서도
빛나는 인재가 되려면

뭐든 할 줄 아는 인재가 될 필요는 없다

지금껏 일이든 인생이든 '개성'이 중요하다고 이야기해왔다. 그러나 누구에게나 그 사람만 할 수 있는 일이 있다고 아무리 말해도 어떤 사람은 "그렇지만 저는 정말로 개성이 없는걸요…."라며 고민한다.

그런 사람들에게는 내가 얼마나 이리저리 부딪치며 순탄치 않은 삶을 살아왔는지 들려주곤 한다.

내가 변변찮은 정보 하나 구하기 힘든 시골 마을에서 나고 자랐다고 말하면, 사람들은 전혀 그렇게 보이지 않는다며 놀란다. 그러면서 자연히 개성이란 무엇인지 다시금 생각하게 된다.

여러 의미에서 어려운 환경에 놓여 있더라도 하나하

나 착실하게 노력하며 최선을 다하다 보면 남다른 개
성을 손에 넣을 수 있다고 말이다.

처음부터 반짝반짝 눈부시게 빛나는 인재일 필요
는 없다. 자신이 남들보다 조금쯤 나을지도 모르겠다
고 생각하는 부분이 두세 가지 정도 있다면 이미 충분
하다.

개성의 밑바탕이 되는 재능의 조각은 아무리 작고
사소하더라도 상관없다. 다만 보잘것없어 보이더라도
구체적일수록 좋다. 말을 좀 잘한다든지, 글씨가 예쁘
다든지. 작은 재능에 자부심을 가지고 계속해서 쓰면,
재능의 조각에 점점 많은 것들이 달라붙기 시작한다.
그렇게 점점 커다란 무기가 된다.

처음에 내가 가지고 있는 작은 재능의 조각은 세상
에서 자신만 유일하게 지닌 능력은 아니다. 말을 좀 잘
하는 사람은 세상에 몇억 명쯤 있을지도 모른다. 그러
나 여기에 자신만의 경험이 더해지면서 이 세상에서
오로지 나만 다룰 수 있는 대단한 무기가 된다. 그것이

==바로 개성, 자신만의 강점이다.==

다만 처음부터 다양한 경험이 찰싹 달라붙는 조각이 있는가 하면, 좀처럼 달라붙지 않는 조각도 있다. 그럼에도 계속해서 움직이고 노력하면 아주 작은 티끌이라도 조각에 무게를 더하기 마련이다.

그러므로 ==잘하는 것 같다는 생각이 조금이라도 든다면 끊임없이 도전해보자. 결과적으로 아주 특이하고 특색 있는 무기가 될지도 모르지만, 그럴수록 오히려 좋다.==

예를 들어 '말을 좀 잘하는' 재능은 종종 영어를 잘하는 능력으로 이어지기도 한다. 거기서 더 발전하면 영어 프레젠테이션을 아주 능숙하게 한다는 평가를 받을 수도 있다.

혹은 자신이 오프라인보다 온라인에 더 강하다는 사실을 깨달을 수도 있다. 그래서 취미로 애니메이션의 영어 해설 영상을 유튜브에 올렸다가 전 세계에서 100만 명의 시청자를 얻을지도 모른다. 충분히 있을 수 있는 이야기다.

가능한 한 못하는 일을 없애고 싶다고 생각하는 사람도 적지 않지만, 부족한 부분을 극복하는 데는 대부분 평생이 걸린다. 마이너스를 플러스로 바꾸느라 괴로운 시간을 보내며 인생을 마치다니 너무 서글프지 않을까.

부족한 면에 매달리기보다는 못하는 건 못한다고 인정해버리는 편이 어깨의 짐도 훨씬 가벼워진다. 그러므로 거듭 도전해서 약한 부분을 메우고도 남을 만한 강점을 손에 넣자. 그리고 그 힘으로 앞으로 쏜살같이 나아가면 된다.

도전하면 도전할수록 작은 재능의 조각에 '발견'이라는 조각들이 더해진다. 그중에는 완전히 붙었다고 생각했더니 갑자기 떨어져 나가는 조각도 있다. 실제로 경험해보니 자신에게 맞지 않음을 깨달은 것이다.

실패했다고 좌절할 필요는 없다. 그저 멈추지 않고 계속 시도하다 보면 어느새 울퉁불퉁 찌그러진 모양으로 성장한 조각을 발견할 수 있다.

모양이 예쁘지 않다고 해서 문제가 있는 것은 아니다. 사실은 그 모양이 오히려 가장 큰 포인트다. 이상한 모양이기에 세상 어디에도 존재하지 않는 유일한 개성이기 때문이다.

티끌과 조각이 이리저리 붙은 각기 다른 종류의 거대한 무기가 두세 가지 있는 것만으로도 인생은 더욱 즐겁고 편안해진다. 나는 그렇게 확신한다.

| 최고가 아니라 유일을 노리자

어떻게 개성을 연마할 것인가. 혼돈의 세상 속에서 행복하게 살아가기 위한, 좋은 사람이자 좋은 일꾼이 되기 위한 중요한 포인트다.

우리가 노려야 할 목표는 최고가 아니다. 오늘날 구글과 같은 기업에서는 뛰어난 개인들을 모아 뛰어난 팀을 만든다. 이러한 일터에서는 자기 자신을 무기로 여러 인종과 국적을 가진 사람들과 조화를 이루며 영역을 넓혀야 한다.

즉, 직원 한 사람 한 사람의 개성이 비즈니스의 성공과 직결되어 있다는 뜻이다.

따라서 구글에서는 누군가의 개성 자체를 그 사람의

능력 가운데 가장 쉽게 파악할 수 있는 강점으로 본다.

이를테면 나는 유학 경험이 없어서 외국 영화를 보면서 독학으로 영어를 익혔다. 외국에서 살다 온 사람에 비하면 원어민 수준과는 거리가 있고 유창하게 말하지도 못한다.

그럼에도 구글에서 글로벌 팀으로부터 먼저 제안을 받고 다양한 업무를 수행해왔다. 팀 리더가 내가 가진 능력을 영어 능력보다 더 크게 평가해주었기 때문이다. 밝고 건강한 분위기를 조성해 프로젝트 진행을 원활하게 만드는 능력 말이다.

실제로 기업에서는 기술보다도 개성으로 그 사람에게 일을 맡길지 말지 판단하는 경우가 적지 않다. 팀 안에서도 특정 업무를 누구에게 맡길지는 구성원들의 각기 다른 개성에 따라 달라진다고 할 수 있다.

물론 누가 하든 크게 상관이 없는 일도 있다. 하지만 자신의 개성을 갈고닦고 발전시키면 "이 일은 ○○가 하면 잘할 거야"라는 말을 들을 수 있다. 내가 잘하는 업무를 많이 맡게 된다는 뜻이다.

개성의 조각이란 하나가 전부가 아니다. 내가 알아

채지 못한 것까지 포함해서 몇 개나 존재한다. 여러 사람에게 피드백을 받다 보면 그것들이 하나둘 눈에 보이기 시작한다.

조각들을 어떻게 짜 맞출 것인가. 한 조각 한 조각 퍼즐을 맞추는 듯한 즐거움이 있다. 그렇게 찾은 여러 가지 작은 개성들을 모두 곱해서 한층 더 특색 있는 강점으로 만들어가자. 그것이 일의 성공, 나아가 인생의 행복으로도 이어진다.

미래를 그릴 때 반드시 생각해야 하는 것

최근 일본의 국력에 관해 GDP와 임금 정체, 사회보장비 증가, 노동 인구 감소 등 비관적인 데이터가 잇따라 드러나고 있다. 그런 부정적인 전망 때문인지 미래를 기대하지 않는 직장인들이 많다는 말도 자주 들린다.

하지만 나의 견해는 조금 다르다. 지금껏 많은 취업 준비생들을 접하고 대화하면서 전혀 다른 것을 느꼈다. 실패해서는 안 된다는 과도한 부담감에서 해방되기만 하면 크게 날아오를지도 모를 잠재적 에너지와 힘 말이다.

그러므로 이 책에서 소개한 '요령'을 힌트로 내 안의 잠재력을 깨닫고, 능력을 발휘해, 팀 구성원들과 함께 새로운 가치를 만들어보자. 세상에 단 하나뿐인 개성을 한껏 발휘할 수 있는 '길'을 모두가 발견할 수 있기를 마음 깊이 바란다.

앞으로 사회라는 바다로 나아갈 모든 사람들, 그리고 지금 그 바다에서 헤엄치고 있는 사람들에게 이 책에 담은 마음이 가 닿았기를 바란다.

마지막까지 읽어준 독자 여러분께 깊은 감사를 전하고 싶다.

팀 워커
TEAM WORKER

1판 1쇄 인쇄 2023년 12월 26일
1판 1쇄 발행 2024년 1월 10일

지은이 구사부카 이쿠마
옮긴이 지소연

발행인 양원석 **편집장** 차선화
디자인 디스커버 **영업마케팅** 윤우성, 박소정, 이현주, 정다은, 박윤하
해외저작권 이시자키 요시코

펴낸 곳 ㈜ 알에이치코리아
주소 서울시 금천구 가산디지털2로 53, 20층 (가산동, 한라시그마밸리)
편집문의 02-6443-8861 **도서문의** 02-6443-8800
홈페이지 http://rhk.co.kr
등록 2004년 1월 15일 제2-3726호

ISBN 978-89-255-7555-1 (03320)